10 LIÇÕES SOBRE HORKHEIMER

Dados Internacionais de Catalogação na Publicação (CIP)
(Câmara Brasileira do Livro, SP, Brasil)

Maia, Ari Fernando
  10 lições sobre Horkheimer / Ari Fernando Maia, Divino José da Silva, Sinésio Ferraz Bueno. – Petrópolis, RJ : Vozes, 2017. – (Coleção 10 Lições)
  Bibliografia
  ISBN 978-85-326-5381-9

  1. Filosofia alemã 2. Horkheimer, Max, 1895-1973 I. Silva, Divino José da. II. Bueno, Sinésio Ferraz. III. Título. IV. Série.

16-08897   CDD-193

Índices para catálogo sistemático:
1. Filosofia alemã   193

Ari Fernando Maia
Divino José da Silva
Sinésio Ferraz Bueno

10 lições sobre Horkheimer

Petrópolis

© 2017, Editora Vozes Ltda.
Rua Frei Luís, 100
25689-900 Petrópolis, RJ
www.vozes.com.br
Brasil

Todos os direitos reservados. Nenhuma parte desta obra poderá ser reproduzida ou transmitida por qualquer forma e/ou quaisquer meios (eletrônico ou mecânico, incluindo fotocópia e gravação) ou arquivada em qualquer sistema ou banco de dados sem permissão escrita da editora.

CONSELHO EDITORIAL

Diretor
Gilberto Gonçalves Garcia

Editores
Aline dos Santos Carneiro
Edrian Josué Pasini
José Maria da Silva
Marilac Loraine Oleniki

Conselheiros
Francisco Morás
Leonardo A.R.T. dos Santos
Ludovico Garmus
Teobaldo Heidemann
Volney J. Berkenbrock

Secretário executivo
João Batista Kreuch

Editoração: Flávia Peixoto
Diagramação: Sheilandre Desenv. Gráfico
Revisão gráfica: Fernando S.O. da Rocha
Capa: Sheilandre Desenv. Gráfico
Ilustração de capa: Graph-it Studio

ISBN 978-85-326-5381-9

Editado conforme o novo acordo ortográfico.

Este livro foi composto e impresso pela Editora Vozes Ltda.

Sumário

Introdução, 7

Primeira lição – Max Horkheimer: vida e obra, 13

Segunda lição – Teoria Crítica como materialismo interdisciplinar, 21

Terceira lição – Teoria Tradicional e Teoria Crítica: a crítica à metafísica e ao positivismo, 30

Quarta lição – Progresso e mundo administrado, 38

Quinta lição – Preconceito e caráter: a inaptidão à experiência, 47

Sexta lição – O declínio do indivíduo e a luta pela autopreservação, 56

Sétima lição – Moral, sofrimento, compaixão, 65

Oitava lição – Horkheimer e a religião negativa, 73

Nona lição – Pessimismo e utopia negativa, 83

Décima lição – Filosofia e crítica social e a dissonância entre pensamento e realidade, 91

Considerações finais, 99

Referências, 109

Os autores, 115

Introdução

Max Horkheimer ocupou papel de destaque no Instituto de Pesquisa Social, ao lado de pensadores como Theodor Adorno, Herbert Marcuse, Walter Benjamin, Leo Löwenthal e Friedrich Pollock. Ocupou posição especial como diretor do Instituto e editor da *Zeitschrift für Sozialforschung*[1], bem como desempenhou papel determinante na definição das questões que doravante orientariam, em linhas gerais, as pesquisas desenvolvidas no círculo dos pensadores de Frankfurt.

Na conferência de posse como diretor do Instituto de Pesquisa Social, intitulada "A presente situação da filosofia social e as tarefas de um instituto de pesquisas sociais", em janeiro de 1931, Horkheimer situa as coordenadas filosóficas e sociológicas que nortearam as pesquisas do Instituto. Esses propósitos serão reassumidos e redefinidos no ensaio "Teoria Tradicional e Teoria Crítica", em que se evidenciam os vínculos com o campo teórico do

---

[1]. Revista de Pesquisa Social fundada em 1932 com o objetivo de divulgar os resultados das pesquisas desenvolvidas pelos pensadores filiados ao Instituto de Pesquisa Social *(Zeitschrift für Sozialforschung)*.

marxismo, privilegiando desta teoria, sobretudo, a crítica às relações sociais alienantes.

A Teoria Crítica, e em específico a filosofia de Horkheimer, buscou desde o seu início compreender os aspectos da ordem social que bloqueiam a emancipação humana. É nesse registro que se insere o pensamento desse filósofo nos anos de 1930, em que há um claro posicionamento crítico contra a filosofia idealista e o positivismo e a todo pensamento que busca justificar as injustiças em nome da organização social. Está presente no projeto filosófico horkheimeriano uma espécie de consciência da Teoria Social. Essa consciência cobra dos pesquisadores que colaboram com o Instituto, bem como de toda Teoria Social que se proponha transformadora, uma postura epistemológica que leve em conta, na análise das formas de produção da existência no capitalismo, as contradições que permeiam a totalidade social. "Por essa razão, a orientação para a emancipação que caracteriza a atividade do teórico crítico exige também que a teoria seja expressão de um comportamento crítico relativamente ao conhecimento produzido e à própria realidade social que esse conhecimento pretende apreender"[2].

---

2. NOBRE, M. Apresentação – A luta por reconhecimento: Axel Honneth e a Teoria Crítica. In: HONNETH, A. *Luta por reconhecimento* – A gramática dos conflitos morais. São Paulo: Ed. 34, p. 9.

A filosofia de Max Horkheimer encontra no marxismo, até o final dos anos de 1930, um importante aliado na luta pela emancipação. Há nesse momento uma clara consciência acerca da possibilidade de construção de uma práxis revolucionária que transformaria as estruturas da economia capitalista, mantendo assim o alcance efetivo da crítica filosófica enquanto Teoria Materialista da História. No entanto, a partir de meados da década de 1940, a crítica da economia política e a crença no que ainda havia de potencialmente revolucionário na classe trabalhadora são substituídas pela crítica à racionalidade instrumental. Horkheimer, na companhia de Adorno, se dedica à elaboração de uma genealogia da razão em que se evidencia o entrelaçamento entre razão e saber, entre conhecimento e poder, e seus vínculos com formas históricas de dominação que teriam culminado com a inominável barbárie no século XX. Essas teses são amplamente debatidas no livro *Dialética do esclarecimento*, por Horkheimer e Adorno, e também no livro *Eclipse da razão*, de autoria de Horkheimer. Nessas obras, os autores se ocupam em demonstrar o caráter paradoxal da razão, que historicamente teve o papel de libertar o homem dos perigos da natureza externa e de sua própria natureza interior, mas por outro lado sempre estivera associada a eficientes formas de dominação. Essa ambivalência da razão, escreve

Chiarello, delineará "as duas vertentes mais marcantes da filosofia tardia de Horkheimer: uma sustenta a aporia como insanável; outra não abandona a esperança histórica de sua resolução"[3].

O pensamento de Max Horkheimer estará marcado, a partir de então, por essa ambivalência, e se ocupará da crítica que a razão deverá exercer sobre si mesma, reconhecendo o quanto se identificou com os aspectos da razão instrumental – razão subjetiva – que submete todas as instâncias da vida à racionalidade utilitária, ao mesmo tempo em que fica reduzida à função de autoconservação, portanto, ao domínio de tudo aquilo que recorde a presença da natureza em nós. Contra essa razão subjetiva, Max Horkheimer evoca a razão objetiva, essa outra face da razão, a qual preserva as imagens religioso-metafísicas de mundo que, quando contrapostas à realidade social, revelam o sofrimento, a miséria e a violência que ainda persistem em nossos dias. Os ideais de igualdade, justiça e solidariedade, que são próprios da razão objetiva, mantêm a negatividade da teoria que não encontra repouso em nenhum absoluto e nem compactua com a organização social vigente.

---

3. CHIARELLO, M.G. *Das lágrimas das coisas* – Estudo sobre o conceito de natureza em Max Horkheimer. Campinas: Unicamp, 2001, p. 21.

Assim, a filosofia enquanto crítica social tem como função descrever a dor e o sofrimento humanos, evidenciando desse modo que não vivemos no melhor dos mundos. É nesse ponto que a filosofia de Horkheimer se avizinha a uma teologia negativa, que se configura na proibição da construção de sistemas de pensamento que salvam a positividade do todo social. Para Horkheimer, assim como para Adorno, o todo é falso, pois encontram-se subsumidos nele a dor, a morte e o sofrimento do particular. Podemos dizer o que é o mal em sua manifestação concreta e lutar para que ele desapareça, mas não podemos dizer o que é o Bem Absoluto. O desejo por um mundo melhor só pode ser vislumbrado pela descrição e denúncia das contradições inerentes ao todo social. A filosofia de Horkheimer emerge desse desejo de construção de uma sociedade mais justa e melhor, mas sem perder de vista que não há nenhuma garantia de que essa sociedade irá se realizar. No entanto, essa esperança ou crença no Inteiramente Outro alimenta o inconformismo diante do existente.

As variações presentes na filosofia horkheimeriana trazem as marcas dos acontecimentos históricos próprios do século XX, tais como as duas grandes guerras, a ascensão do nazismo e do stalinismo, o predomínio do capitalismo e o enfraquecimento da classe trabalhadora, e a expansão do conhecimento científico que ampliou o domínio técnico sobre a natureza e sobre os meandros da vida social administrando sua organização. No entanto, se há alguma ideia que confira unidade aos diferentes temas aqui abordados, ela encontra força na crítica de Horkheimer aos ardis da razão e o quanto ela esteve e está identificada com as formas de dominação. Penetrar os meandros das relações entre sujeito e objeto, espírito e natureza, cultura e natureza, se apresenta como uma maneira de fazer refletir no espírito os elementos da natureza por ele denegados. Esse talvez seja o exercício mais importante na explicitação dos vínculos entre razão e poder, entre razão e dominação, e da crítica da razão sobre seus próprios limites.

Primeira lição
Max Horkheimer: vida e obra

Max Horkheimer nasceu no dia 14 de fevereiro de 1895, o único filho do casal Babette e Moritz Horkheimer. Seu pai era um bem-sucedido proprietário de fábricas do ramo têxtil em Stuttgart e, segundo Wiggershaus[4], projetou para o filho o seguimento de sua carreira como empresário. Esse plano paterno começou a desmoronar quando Horkheimer conheceu Friedrich Pollock, apenas um ano mais velho que ele, mas educado fora da tradição judaica, e com ele estabeleceu uma convivência que ajudou a definir os rumos de sua vida, pois os laços da amizade que os ligava estavam assentados no ideal de solidariedade entre todos os seres humanos, cujo impulso crítico permanecerá fundamental por toda a vida de Horkheimer.

---

4. WIGGERSHAUS, R. *A Escola de Frankfurt*: história, desenvolvimento teórico, significação política. Rio de Janeiro, Difel, 2002 [Trad. Lilyane Deroche-Gurgel, Vera de Azambuja Harvey e Jorge Coelho Soares].

Nesse primeiro momento de sua formação, a partir da amizade com Pollock, as leituras compartilhadas de um amplo leque de críticos da sociedade como Ibsen, Zola e Tolstoi, assim como de Schopenhauer, Espinosa e Karl Kraus, fortaleceram no jovem Horkheimer a convicção da injustiça irremediável da ordem social capitalista, assim como do caráter trágico da existência humana quando restringida ao egoísmo cego da vontade. O rompimento definitivo com o plano paterno se deu pelo estabelecimento de um vínculo erótico com sua secretária pessoal, Rose Rieckher, carinhosamente chamada por Horkheimer de Maidon, oito anos mais velha que ele, sem posses e de ascendência cristã. A relação, que só se encerrou com a morte de Maidon em 1969, representou, segundo Wiggershaus: "uma opção pela ternura de uma simples mulher e, ao mesmo tempo, uma espécie de casamento simbólico com o mundo dos desclassificados e trabalhadores"[5].

Em meados de 1919, Horkheimer inicia estudos de filosofia, psicologia e economia política em Munique. Após alguns incidentes decorrentes do desmantelamento da República dos Sovietes de Munique, que culminaram em sua prisão por engano, optou por mudar-se para Frankfurt, onde

---

5. Ibid., p. 76.

estudou filosofia sob a orientação de Hans Cornelius. Em 1920, com a recomendação de Cornelius, passa dois semestres em Freiburg estudando com Husserl, e conhece Heidegger.

A primeira tese elaborada por Horkheimer estava ligada diretamente à psicologia. Intitulada "Modificações de forma na zona insensível às cores da íris do olho", foi abortada por conta da publicação de uma tese praticamente idêntica em Copenhague[6]. A partir da sugestão de Cornelius, Horkheimer elabora outra tese, dessa vez do campo da filosofia, intitulada "Sobre a Antinomia da Faculdade Teológica do Julgar", com a qual obtém o grau de doutor e o convite de seu orientador para se tornar seu assistente. Assim, Horkheimer se encaminha para a carreira de professor de Filosofia, deixando de lado definitivamente as pretensões do pai de que assumisse seu lugar como empresário. Em 1924, conhece T.W. Adorno, outra amizade que seria importantíssima para todo o desenvolvimento ulterior da Teoria Crítica da Sociedade. Em 1925, conclui seu trabalho de habilitação para tornar-se docente na Universidade de Frankfurt, intitulado: "A crítica kantiana da faculdade de julgar como ponte entre as filosofias teórica e prática"[7].

---

6. Ibid., p. 78.

7. Ibid.

Entre 1925 e 1928, Horkheimer começa a se afastar da orientação da filosofia transcendental de Cornelius e a tematizar filosoficamente as questões que o inquietavam, como o papel da Teoria Marxista e a filosofia social como força prática para alterar as condições materiais dos trabalhadores. Essa elaboração irá culminar na proposição de que era necessário aprofundar o diagnóstico do fracasso da revolução, e procurar entender que mudanças nas condições materiais e subjetivas explicavam a dificuldade da classe operária em agir segundo seus interesses. A proposição da Teoria Crítica como materialismo interdisciplinar, que caracterizou o primeiro momento do Instituto de Pesquisa Social em Frankfurt, teve colaboração decisiva de Horkheimer a partir do momento, em 1930, em que ele foi nomeado diretor. O *telos* a orientar esse momento do trabalho de Horkheimer, segundo Wiggershaus, era: "Criticar toda forma de metafísica a fim de livrar de toda deformação moderna 'a insatisfação diante da ordem estabelecida sobre a terra', outrora disfarçada em religião"[8], e, ao mesmo tempo, desenvolver uma teoria crítica da sociedade que aprofundasse o sentido da desumanidade do processo social alienado, destacando a urgente necessidade de transformar as relações de classe. Entrementes, estava ausente do pensamento de Horkheimer o

---

8. Ibid., p. 82.

otimismo característico de certas vertentes marxistas que viam a iminência da revolução. No livro *Origens da Filosofia Burguesa da História,* Horkheimer tematiza o problema da naturalização do processo histórico produzido pela filosofia idealista e da necessidade de recuperar o conhecimento crítico como um momento do todo social.

O crescimento do fascismo obstruiu o desenvolvimento do projeto do materialismo interdisciplinar proposto por Horkheimer para o Instituto, e a intensificação da barbárie que culminaria na Segunda Guerra Mundial colocou novos desafios teóricos e práticos, ao lado da necessidade de fugir da Alemanha, para que pudessem sobreviver os seus principais membros. A preparação para a partida já tinha sido iniciada nas eleições para o Reichstag em 1930, quando o Partido Nacional-socialista tinha conseguido o segundo maior número de cadeiras, e o fascismo já era uma força política notável em vários países da Europa. É em meio a tumultos provocados por militantes nazistas e providências preventivas que, em 1932, surge a primeira publicação da revista do Instituto de Pesquisa Social sob a direção de Horkheimer, que também durante essa época coordenou, junto com Erich Fromm, um estudo empírico sobre os operários e empregados qualificados[9]. São dessa

---

9. Ibid., p. 144.

época os artigos de Horkheimer[10] (1990), publicados posteriormente em conjunto, sobre "História e psicologia", "Observações sobre ciência e crise", "Sobre o problema da verdade", "Materialismo e metafísica" e "Materialismo e moral", que indicam uma direção de seu pensamento ainda voltado para a avaliação crítica da filosofia, visando à busca de uma orientação para a prática.

A chegada de Hitler ao cargo de chanceler em 1933 desencadeou rapidamente o fechamento do Instituto, a destituição de Horkheimer do cargo de professor da Universidade de Frankfurt e o seu deslocamento para Genebra em 1933, e para Nova York em 1934. Na América, Horkheimer, Pollock e alguns outros membros do Instituto procuraram negociar sua permanência, ligando o Instituto ao Departamento de Sociologia da Universidade de Columbia. No exílio é publicado o primeiro relatório do famoso "Estudo sobre autoridade e família", um catatau de quase mil páginas, exemplo eloquente da prática do materialismo interdisciplinar que foi proposto por Horkheimer, e, em 1937, o também famoso artigo: Teoria Tradicional e Teoria Crítica. Em Columbia, Horkheimer permaneceu até 1941, quando se deslocou para Los Angeles. Este

---

10. HORKHEIMER, M. *Teoria Crítica*: uma documentação. Tomo I. São Paulo: Perspectiva/Edusp, 1990 [Trad. de Hilde Cohn].

momento marca o estreitamento de sua colaboração com T.W. Adorno, que iria resultar na elaboração de uma das obras seminais da filosofia do século XX, a *Dialética do esclarecimento*. O aparente deslocamento do projeto do materialismo interdisciplinar para uma obra puramente filosófica refletiu, de um lado, o aprofundamento da barbárie que já estava presente nos anos de 1920, mas também, fundamentalmente, a necessidade de desenvolver uma teoria dialética que estabelecesse os parâmetros nos quais os fatos descobertos pelas pesquisas pudessem ser interpretados[11]. Como produto do mesmo projeto, Horkheimer ainda publicaria um conjunto de conferências feitas em Columbia, intitulado *Eclipse da razão*, uma crítica de algumas das mediações fundamentais da razão instrumental na sociedade. Nessa obra, seguindo os passos da *Dialética do esclarecimento*, Horkheimer se indaga se o conceito de razão subjacente à ordem social não teria "vícios" de origem, que precisam ser compreendidos para que se possa interpretar corretamente a constante recaída na barbárie da civilização tecnologicamente desenvolvida.

A análise empírica, entretanto, seguiu sendo fundamental para a tarefa a que se havia proposto

---

11. WIGGERSHAUS, R. *A Escola de Frankfurt*: história, desenvolvimento teórico, significação política. Op. cit., p. 209.

o Instituto e, com o patrocínio do *American Jewish Comitee*, Adorno, o colaborador mais próximo de Horkheimer, coordenou um amplo projeto de investigação sobre a Personalidade Autoritária[12], um marco da pesquisa social, tanto pelas inovações metodológicas como pela importância de suas descobertas. O estudo sobre a *Authoritarian Personality* indicaria o caminho para investigações posteriores, apesar das dificuldades financeiras e das dúvidas que cercavam o retorno à Alemanha e a rearticulação do Instituto após a guerra. Os problemas na volta para a Alemanha tinham desdobramentos financeiros, logísticos e políticos; mas, apesar deles, Horkheimer articulou gradativamente seu retorno a Frankfurt. No decorrer dos anos de 1950 Horkheimer se dedica principalmente a atividades administrativas, assumindo a reitoria da Universidade de Frankfurt, mantendo ainda a publicação de textos significativos em colaboração com Adorno, como *Temas básicos de sociologia*[13], até se aposentar em 1958, quando passou a viver na Suíça até sua morte, no dia 7 de julho de 1973, aos 78 anos.

---

12. ADORNO, T.W.; FRENKEL-BRUNSWIK, E.; LEVINSON, D. & STANFORD, N. *The Authoritarian Personality*. Nova York/Londres: W.W. Norton & Company, 1993.

13. HORKHEIMER, M. & ADORNO, T.W. Temas básicos da sociologia. São Paulo: Cultrix/Edusp, 1973 [Trad. de Álvaro Cabral].

Segunda lição

Teoria Crítica como materialismo interdisciplinar

A história do Instituto de Pesquisa Social em Frankfurt foi debatida detalhadamente por Jay[14] e Wiggershaus[15], e ambos destacam o papel central de Horkheimer para o desenvolvimento das características próprias da chamada Escola de Frankfurt, dentro do espectro do "marxismo ocidental". A Teoria Crítica da Sociedade desenvolvida a partir dos anos de 1930 sob a direção de Horkheimer inovou em relação às propostas marxistas mais ortodoxas presentes no início da direção do Instituto, destacando a importância da pesquisa empírica articulada a uma crítica radical do positivismo e da filosofia idealista, enfatizando a necessidade de observar os dados da

---

14. JAY, M. *A imaginação dialética*: história da Escola de Frankfurt e do Instituto de Pesquisas Sociais – 1923-1950. Rio de Janeiro, Contraponto, 2008 [Trad. de Vera Ribeiro].

15. WIGGERSHAUS, R. *A Escola de Frankfurt*: história, desenvolvimento teórico, significação política. Op. cit.

realidade para desenvolver uma crítica materialista coerente.

Segundo Wiggershaus, o Instituto de Pesquisa Social foi oficialmente fundado em 22 de junho de 1924, junto à Universidade de Frankfurt – então uma das mais importantes da Alemanha –, a partir da iniciativa de Felix Weil, filho do principal financiador das atividades do Instituto. A direção ficou a cargo de Carl Grünberg, professor da Universidade de Frankfurt, com o escopo de promover o aprofundamento e a aplicação da Teoria Marxista, mas num viés próximo à socialdemocracia, ou seja, "em completa neutralidade política"[16]. A intenção de Grünberg era tornar a Teoria Marxista respeitada na Universidade, como se ela fosse uma entre várias possibilidades metodológicas. Os temas de investigação também eram restritos: o socialismo e o movimento operário eram privilegiados, supondo que o desenvolvimento histórico determinado pelo desenvolvimento das forças produtivas fosse conduzir inescapavelmente à revolução.

Horkheimer assume a direção do Instituto em outubro de 1930, apenas dois meses após sua contratação pela Universidade para a cátedra de Filosofia da Sociedade, sucedendo Grünberg.

Superando a posição mais conservadora das investigações realizadas sob a batuta de Grünberg,

---

16. Ibid., p. 67.

Horkheimer propunha uma mudança bastante significativa, já que abandonava a postura otimista, e perigosamente próxima do positivismo, que acreditava numa revolução iminente; partindo de outro princípio, Horkheimer propunha, como eixo das análises a serem realizadas, um problema duplo: a distância cada vez maior entre as possibilidades de emancipação da humanidade pela satisfação material de suas necessidades – proporcionada justamente pelo desenvolvimento da técnica e da ciência – e a emergência de irracionalismos políticos, do controle das massas pela mesma técnica que apresentava um horizonte de liberdade.

Seria necessário utilizar os conhecimentos de vários setores da ciência, da sociologia, da economia política, da história e da psicologia, além da filosofia, sem dúvida, para dar conta do tema das mútuas mediações entre as lutas materiais dos homens, as configurações da cultura e a dimensão psíquica. Descrevendo esse propósito e os conhecimentos que se visava construir, Wiggershaus afirma: "O tom próprio de Horkheimer era antes determinado pela esperança implícita de que, por conhecimentos efetivos, em vez das ideologias sublimantes, pudessem servir ao homem como meios para introduzir o sentido e a razão no mundo"[17].

---

17. Ibid., p. 71.

Parte dessa perspectiva inovadora é explicitada por Horkheimer num texto de 1933: *Materialismo e metafísica*. Nesse texto ele parte da crítica que idealistas e metafísicos fazem aos materialistas – afirmando que sua perspectiva epistemológica não dá conta de identificar todas as relações causais entre os fenômenos isolados e a totalidade material – para assinalar que justamente essa pretensão é estranha ao materialismo.

Orientado pela história social, o materialismo que Horkheimer defende recusa justamente a identificação entre realidade e norma, entre um fenômeno específico e um sistema que o interpreta, que no idealismo é o critério para articular o particular e o universal. Parte do princípio de que a matéria não possui em si mesma um sentido e, portanto, o valor de determinado conhecimento só emerge tendo em vista o desenvolvimento material das forças produtivas e do saber em dado momento. Disso resulta que não há prevalência de juízos gerais sobre ações particulares e o materialista deve desconfiar de teses gerais, submetendo-as ao crivo das situações sociais concretas. A atenção dada à pesquisa empírica, portanto, não resulta de nenhuma concessão a práticas científicas positivistas, mas de uma postura coerentemente voltada para as questões práticas urgentes, tendo em vista a emancipação humana.

As exigências de validade universal idealistas, com suas respectivas perspectivas morais absolutas, constituem uma ideologia que justifica a miséria material, seja apontando para uma vida posterior boa, seja afirmando que a divisão da riqueza será feita em outro momento. Contra essa ideologia, o materialismo toma como seu conteúdo a Teoria Social e procura dar uma resposta histórica ao sofrimento produzido pela estrutura social. Seus temas privilegiados são os desafios e tarefas propostos pelo momento histórico, reconhecendo tanto os obstáculos à realização da felicidade humana como as potencialidades de sua realização. Trata-se, portanto, de um materialismo histórico e dialético, não de um materialismo meramente físico.

O materialista, segundo Horkheimer, ao produzir conhecimento, precisa reconhecer que há uma tensão dinâmica e contínua entre aquele que conhece, o fenômeno a ser conhecido e o entorno social e histórico em que se determinam mutuamente sujeito e objeto. As mútuas mediações entre os polos – sujeito e objeto – precisam ser investigadas teórica e empiricamente, e não existe uma fórmula universal para a ação conjunta das forças que estão em jogo, é necessária uma análise caso a caso. Os conceitos resultantes estão em conexão com a situação histórica e não são absolutos.

Isso não significa que o materialismo seja relativista. Como aponta Horkheimer: "O fato de não sabermos tudo não significa absolutamente que aquilo que sabemos seja o inessencial, e aquilo que não sabemos, o essencial"[18]. Na busca pelo conhecimento integrado das configurações entre sociedade, subjetividade e cultura o materialismo deve reconhecer o caráter histórico, temporal, de suas descobertas, mas ao mesmo tempo a possibilidade de seu uso como força material, sua efetividade e seu valor como verdades práticas.

Deve-se, ainda, reconhecer que a metafísica também produz conhecimentos que têm força material, e que a diferenciação entre as duas epistemologias não é absoluta, mas deve ser reportada às funções sociais de cada perspectiva: o idealismo metafísico é ideologia quando coloca em segundo plano o sofrimento humano material, e o materialismo é crítico quando reconhece a miséria humana de modo a superá-la. Sem dúvida, ao sustentar seus pressupostos em sentidos *a priori* o idealismo hipostasia seu objeto, o que é contrário ao materialismo, mas é preciso considerar que tais pressupostos também podem ser usados contra os dominadores. O ponto fundamental é desvelar materialisticamente a oferta de esperanças infundadas a partir do idealismo, e evitar que o materialista faça o mesmo. Nesse ponto, vem à tona o pessimismo, caro

---

18. HORKHEIMER, M. Materialismo e metafísica. In: *Teoria Crítica I*. São Paulo: Perspectiva, 1990, p. 53 [Trad. de Hilde Cohn].

a Horkheimer e à sua concepção de materialismo dialético, que não deixa olvidado o sofrimento e sua história, sem, ao mesmo tempo, abandonar a esperança.

Sobretudo, em cada tipo de filosofia que se propõe a justificar a esperança infundada, ou pelo menos encobrir a sua infundabilidade, o materialismo vê uma fraude à humanidade. Apesar de todo o otimismo que ele possa sentir com relação à mudança das condições, apesar de toda a valorização da felicidade que brota do esforço por mudança e da solidariedade, ele carrega consigo um traço pessimista. A injustiça passada é irremediável[19].

A dialética proposta por Horkheimer ressalta que o conhecimento válido é aquele que se aplica especificamente à análise de um processo histórico em que os elementos em jogo mudam continuamente em sua recíproca determinação e, desse modo, não podem ser nem completamente distinguidos nem idealisticamente identificados. Se o conhecimento a ser buscado naquele primeiro momento do Instituto de Pesquisa Social visava às relações recíprocas entre a vida material, a cultura e a subjetividade, as mútuas mediações precisavam ser reconhecidas e determinadas em sua natureza e em seu desenvolvimento. Um exemplo desse processo

---

19. Ibid. p. 43.

ocorre na análise feita por Horkheimer sobre a moralidade na sociedade burguesa:

> O todo social vive pelo desencadeamento dos instintos de propriedade de todos os indivíduos. Enquanto eles se preocuparem com o ganho, manutenção e aumento dos próprios bens, ele se mantém. [...] Nem o sentimento do indivíduo nem a sua consciência, nem a forma de sua felicidade nem sua ideia de Deus escapam a esse princípio dominante da vida. Mesmo nas emoções mais sutis e aparentemente mais remotas da pessoa ainda se percebe a função que ela exerce na sociedade. Nesta época, a vantagem econômica é a lei natural que rege a vida individual[20].

Essa constatação não poderia ser feita isolando a esfera psíquica da vida material, mas somente a compreendendo no contexto do capitalismo monopolista, em que a aparência de autonomia dos indivíduos se traduz em mera busca de seus interesses mediados. Só se constata a irracionalidade dessa orientação para a conduta individual pela mediação do todo, assim como este só se torna apreensível pela observação da ação conjunta dos indivíduos.

Mais do que um plano de ação para o Instituto de Pesquisa Social nos anos de 1930, o materialis-

---

20. HORKHEIMER, M. Materialismo e moral. In: *Teoria Crítica I.* Op. cit., p. 63.

mo de Horkheimer se revela uma perspectiva epistemológica que não será abandonada nas décadas seguintes pelos autores da Teoria Crítica da Sociedade[21]. Continuamente desafiados por acontecimentos históricos catastróficos, os frankfurtianos da "primeira geração" lançaram mão tanto de reflexões filosóficas como de investigações empíricas, tematizando sempre as relações entre a vida material, a cultura e a subjetividade. A contribuição de Horkheimer para esse percurso, em retrospectiva, parece ser fundamental.

---

21. ANTUNES, D.C. *Por um conhecimento verdadeiro no mundo falso* – Teoria Crítica, pesquisa social empírica e The Authoritarian Personality. Jundiaí: Paco, 2014.

Terceira lição

Teoria Tradicional e Teoria Crítica: a crítica à metafísica e ao positivismo

Nos anos que vão de 1931 a 1937, Max Horkheimer se dedicou à construção do projeto de um materialismo interdisciplinar, que culminou na publicação do ensaio *Teoria Tradicional e Teoria Crítica*, em 1937. Esse ensaio condensa, sob perspectiva programática, as críticas ao pensamento filosófico em voga naquele momento, representado especialmente pelo idealismo, positivismo e filosofia da vida, ao mesmo tempo em que redefine os domínios da investigação a que se dedicaria o Instituto nos anos seguintes. Trata-se de ampliar e complementar os propósitos de uma filosofia social que se define como Teoria Crítica da Sociedade entendida como uma teoria materialista da história com base em pesquisas empíricas e que deve recorrer à contribuição das ciências, especificamente, da sociologia, da psicologia e da economia, na abordagem dos fenômenos sociais.

Horkheimer inicia a reformulação da teoria e a redefinição de seus destinatários, no ensaio "Teoria Tradicional e Teoria Crítica", descrevendo o conceito de teoria utilizado pelas pesquisas no campo das ciências positivas. Nessas ciências, a teoria equivale a um conjunto sintético de proposições, do qual se pode deduzir todo o conhecimento sobre a realidade. Quanto menor o número de princípios a que se vincula uma determinada teoria mais corretas serão suas conclusões, cuja validade se define pela concordância entre proposições e fatos empíricos. Em caso de contradições entre experiência e teoria deve-se corrigir a falha que pode ser decorrente dos princípios teóricos ou do levantamento dos dados. Este constitui o modelo da ciência universal que deveria ser aplicado a todos os objetos e conferir unidade às ciências. O mesmo aparato utilizado para classificar, medir e quantificar a natureza inerte se aplicaria à natureza viva: "a formação de teorias tornou-se construção matemática"[22]. Esse modelo das bem-sucedidas ciências naturais será imitado, salienta Horkheimer, pelas ciências humanas e sociais. Será da crítica a esse modelo de teoria, por ele nomeada como Teoria Tradicional, que surgirá o espaço para uma teoria crítica da sociedade.

---

22. HORKHEIMER, M. Teoria Tradicional e Teoria Crítica. In: BENJAMIN, W. et al. *Coleção Os Pensadores*. São Paulo: Abril, 1983 [Trad. de Zeljko Loparic et al.].

Não se trata de negar a importância das ciências naturais e a coerência interna de seus princípios, mas de denunciar o seu caráter abstrato ao fundamentar a análise da realidade em princípios gerais, sejam eles dedutivos ou indutivos, os quais devem ser submetidos a prova. Na Teoria Tradicional "opera-se com proposições condicionais, aplicadas a uma situação dada. Pressupondo-se as circunstâncias a, b, c, d, deve-se esperar a ocorrência s, e assim por diante"[23]. Nesse registro, o conceito torna-se independente da realidade histórica e o conhecimento fica restrito às conexões lógicas sem se vincular aos processos sociais. A validade da teoria não se mede pela sua função crítica das relações sociais desumanas e nem pela sua potencialidade prática transformadora dessa realidade, mas pela adequação e afinidade que há entre princípios gerais e os dados empíricos. O conhecimento é considerado um dado externo à própria constituição da realidade social, portanto, não é pensado como resultado da práxis de homens situados em um tempo e em condições determinados objetivamente, a partir dos quais constroem suas próprias ações e motivações para agir. Configura-se assim o dualismo entre pensar e ser, entre pensamento e realidade. A teoria se abstrai do funcionamento da ciência no

---

23. Ibib., p. 121.

contexto da divisão do trabalho e a função e significado da ciência para a existência humana são isolados de suas condições históricas e alçados ao patamar de ideologia que simplifica ou elimina todas as contradições.

É contra esse caráter abstrato da Teoria Tradicional que se levanta os domínios investigativos da Teoria Crítica. Destaca-se, em primeiro lugar, a recusa em fetichizar o pensamento como uma instância superior que paira sobre a ação dos homens. Os princípios que devem nortear o significado histórico, social e político das pesquisas não determinam a si mesmos. A investigação só faz sentido, para a Teoria Crítica, em sua relação com as contradições inerentes à sociedade. Não há investigação científica desinteressada. Aquele que investiga é parte integrante do objeto social que se propõe a investigar: "Os homens não são apenas um resultado da história em sua indumentária e apresentação, em sua figura e seu modo de sentir, mas também a maneira como veem e ouvem é inseparável do processo de vida social [...]"[24]. Numa clara alusão à crítica marxista da sociedade, Horkheimer enfatiza que o papel da Teoria Crítica é expor as contradições que permeiam o sistema social por meio da crítica às categorias da economia política clássica que reificam

---

24. Ibid., p. 125.

a realidade ao tratá-la como um fenômeno objetivo regido por leis que são naturais. É nesse momento que a expressão "Teoria Crítica", dirá Wiggershaus, é empregada por Max Horkheimer e pelos intelectuais que lhe são próximos, como "uma espécie de camuflagem para a Teoria Marxista", ao mesmo tempo em que demarcava o distanciamento desse grupo da ortodoxia marxista que insistia na crítica ao capitalismo presa aos aspectos da ideologia e da superestrutura. Para os teóricos da Teoria Crítica o essencial da crítica deveria se voltar para as relações sociais concretas que alienam e submetem os indivíduos à exploração e à injustiça[25]. Portanto, a Teoria Crítica é uma teoria da totalidade social que tem como objeto os homens em suas relações concretas de produção da vida social em suas formas históricas alienantes.

Ao tomar a sociedade como seu objeto, a Teoria Crítica expõe as mazelas e as contradições inerentes à organização estrutural dos processos sociais. Os argumentos que exaltam o caráter útil e produtivo da ordem social e justifica-o em nome do progresso são suspeitos para o teórico crítico e submetidos ao crivo da crítica. As determinações que configuram a base da existência humana não são aceitas como dados naturais, mas são compreendidas como de-

---

25. WIGGERSHAUS, Rolf. *A Escola de Frankfurt*: história, desenvolvimento teórico, significação política. Op. cit., p. 37.

correntes da aparente separação entre indivíduo e sociedade, condicionada pela divisão do trabalho e pelas diferenças de classe. É por essa razão que a práxis social se realiza de modo irracional e caótica, justamente porque falta uma compreensão apropriada da totalidade do processo social. Aceitar a ordem social como um dado natural seria, assinala Horkheimer, "anti-humano e antirracional"[26]. No entanto, ao tomarem consciência do caráter cindido do todo social, os teóricos críticos buscam superar a dissociação entre processos intelectuais parciais e a totalidade da práxis social por meio de uma unidade racional que produza justiça. Isso exige um comportamento que deve servir-se do trabalho teórico orientado para a emancipação, mas distante de qualquer pragmatismo. É nesse horizonte que se define o papel do intelectual crítico na construção de uma sociedade racional. A sua atividade específica deve se dar "em unidade dinâmica com a classe dominada"[27] e expor as contradições inerentes aos processos sociais tendo em vista modificá-los.

O papel do intelectual crítico é intensificar a luta com a qual está vinculado, criando uma imagem do futuro que emerge de uma compreensão profunda

---

26. HORKHEIMER, M. *Teoria Tradicional e Teoria Crítica*. Op. cit., p. 132.

27. Ibid., p. 136.

do presente. A sua crítica deve ser "agressiva não apenas frente aos apologetas conscientes da situação vigente, como também frente a tendências desviacionistas conformistas ou utópicas nas suas próprias fileiras"[28]. No entanto, ressalta Horkheimer que o ponto de vista do teórico crítico pode muitas vezes conflitar com os objetivos dos setores mais avançados da classe explorada. A articulação entre as forças sociais que buscam a libertação é necessariamente conflitiva, do contrário se aboliria o papel da teoria. Enfatiza-se a atitude crítica do intelectual em detrimento da aliança com os setores progressistas da sociedade. Nisto revela-se a defasagem entre a verdade da Teoria Crítica e a consciência empírica do proletariado[29]. É importante ressaltar que o teórico crítico não produz generalizações sobre a sociedade adotando uma atitude de neutralidade, mas age e pensa inserido na atividade concreta da história. O teórico não elabora primeiro uma complexa teoria sobre a realidade para depois decidir que caminhos seguir. O espírito crítico não paira sobre a realidade social. Além disso, lembra Horkheimer que as vanguardas não necessitam de lições acadêmicas, mas de perspicácia política. Desse modo, "a Teoria

---

28. Ibid.

29. BENHABIB, S. "A crítica da razão instrumental". In: BENHABIB, S. & ZIZEK, S. (org.). *Um mapa da ideologia*. Rio de Janeiro: Contraponto, 1996, p. 73 [Trad. de Vera Ribeiro].

Crítica não está nem 'enraizada' como propaganda totalitária nem é 'livre-flutuante' como *intelligentsia* liberal"[30].

A Teoria Crítica não se destina, exclusivamente, ao proletariado como deixara entrever os propósitos dos fundadores do Instituto de Pesquisa nos anos de 1920, mas visa a todos aqueles que se identificam com a crítica rigorosa aos processos sociais sobre os quais se sustentam a injustiça e a barbárie. No entanto, as expectativas sustentadas por Horkheimer no ensaio *Teoria Tradicional e Teoria Crítica* veriam-se perturbadas pelos acontecimentos da Segunda Guerra Mundial e pelo predomínio de uma racionalidade instrumental que administra o todo social.

---

30. HORKHEIMER, M. *Teoria Tradicional e Teoria Crítica.* Op. cit., p. 141.

Quarta lição

Progresso e mundo administrado

No livro *Dialética do esclarecimento*, obra conjunta produzida por Adorno e Horkheimer, o tema iluminista do progresso racional é abordado pelo apontamento da contradição imanente à razão esclarecida, que em seu percurso de desencantamento do mundo, baseado na dissolução da esfera mítica com o objetivo de implantar o poder do homem sobre a natureza, acabou implicando a reabilitação dos próprios mitos em uma versão moderna, secularizada, reificada, vale dizer, sob a forma de conhecimentos científicos perpetuadores da condição humana de impotência frente à natureza. Se nas condições primitivas de existência os homens viviam sob condições de impotência, cuja superação era prometida pelo triunfo do cálculo cartesiano e do senhorio patriarcal baconiano, sob a secularização do mundo moderno, a humanidade permanece refém de poderes sociais e políticos exercidos pelos grandes monopólios econômicos, pelas burocracias estatais e pelos diversos aparatos de produção e disseminação do conhecimento científico. Tendo em mente o entrelaçamento da razão com o mito, entendemos as palavras iniciais da *Dialética do esclarecimento*: "No sentido mais amplo do progresso do pensamento, o esclarecimento tem perseguido sempre o objetivo de livrar os homens do medo e de investi-los na condição de senhores. Mas a terra totalmente esclarecida resplandece sob o signo de uma calamidade triunfal"[31].

No livro *Eclipse da razão*, publicado em 1947 e originado da transcrição de conferências proferidas por Horkheimer três anos antes na Universidade de Columbia, o filósofo apresenta uma versão muito clara e didática sobre as mesmas questões abordadas em parceria com o amigo Adorno em *Dialética do esclarecimento*. Em *Eclipse da razão*, Hokheimer empregou referenciais clássicos propostos pelo sociólogo Max Weber para explicar o processo de desencantamento do mundo. Os conceitos de "racionalidade substancial" e "racionalidade funcional" foram transmutados sob uma nova roupagem, agora utilizada para analisar os polos antagônicos da racionalidade. A versão de Horkheimer para a dialética do esclarecimento parte da

---

31. ADORNO, T.W. & HORKHEIMER, M. *Dialética do esclarecimento* – Fragmentos filosóficos. Rio de Janeiro: Zahar, 1985, p. 19 [Trad. de Guido Antônio de Almeida].

definição de duas esferas complementares da ação racional do homem sobre o mundo: razão objetiva e razão subjetiva.

Por "razão objetiva" podemos entender o pensamento racional como atributo humano capaz de compreender a estrutura fundamental e abrangente do ser em si mesmo, segundo conotações universalistas que seriam capazes de definir as relações eticamente adequadas na relação dos homens com a natureza e entre os próprios homens. Horkheimer refere-se a "sistemas filosóficos de razão objetiva", que de Platão a Hegel esforçaram-se, sob diferentes maneiras, na tarefa de apresentar propósitos racionais válidos em si mesmos e independentes de contextos culturais e políticos e de interesses lucrativos particulares e propósitos instrumentais, capazes de governar o agir humano de acordo com finalidades racionais voltadas para uma vida bela, feliz e bem-sucedida. A razão objetiva não seria somente uma faculdade intelectiva do homem, mas uma força inerente ao próprio mundo objetivo a partir da qual os homens poderiam estabelecer julgamentos éticos, conhecer o mundo e coordenar o domínio da natureza de acordo com os fins verdadeiramente válidos, definidos por uma racionalidade universal capaz de definir os critérios para a ação correta.

Por "razão subjetiva" podemos entender a razão como "faculdade subjetiva da mente", voltada para o domínio técnico e instrumental da natureza, de acordo com procedimentos de cálculo e de relações entre custo e benefício. Diferentemente da razão objetiva, que visa à reflexão ética sobre os fins, a razão subjetiva é instrumental e pragmática, indiferente a critérios transcendentes de julgamento. Para Horkheimer, a razão subjetiva associa-se ao empirismo filosófico e suas articulações epistemológicas com o positivismo e o pragmatismo. A razão é então entendida como uma espécie de ferramenta mental capaz de permitir o conhecimento e o domínio eficaz da natureza, sendo para ela completamente irrelevante a discussão acerca da validade racional de seus procedimentos à luz de critérios universalistas ou transcendentes aos contextos particulares da ação. Para a razão subjetiva os valores éticos que estariam envolvidos em julgamentos especulativos definidores do "bem" ou "mal" seriam somente resíduos metafísicos, soterrados pela primazia moderna de um pensamento governado pelo cálculo e pela eficiência técnica.

Se em vez de "razão objetiva" e "razão subjetiva" nós pensarmos simplesmente que a razão é internamente configurada de acordo com os dois polos, sendo um deles objetivo e associado à ética e à universalidade, e outro subjetivo, relativista e técnico, podemos compreender a dialética do esclarecimento como expressão da contradição entre o universal e o particular, ou entre fins e meios. Dessa forma, o problema situado por Horkheimer não residiu no antagonismo necessário entre ambas as dimensões, mas na hegemonia moderna da razão subjetiva e instrumental, sobre a razão objetiva, predomínio este resultante do processo histórico de desencantamento do mundo, notadamente em sua propriedade sinistra de coisificação das relações dos homens com a natureza e dos homens entre si.

Horkheimer aponta com clareza as consequências nefastas da formalização e instrumentalização da razão quando esta passa a identificar-se quase exclusivamente com os aspectos técnicos e instrumentais de manipulação da natureza e dos homens. Horizontes historicamente muito caros à existência humana, associados à justiça, igualdade, liberdade e tolerância, ficaram desprovidos das raízes intelectuais que possam convertê-los em conceitos possivelmente estendíveis à humanidade como um todo. Embora presentes nas constituições de muitas nações, tais horizontes tornaram-se meras referências retóricas desligadas de uma autoridade racional que possa legitimá-los como conceitos objetivos. Embora permaneçam como finalidades desejáveis para a humanidade, é muito comum que, em nome de interesses de grupos particulares, a injustiça, a opressão e a intolerância sejam impostos à existência dos seres humanos em diversos contextos do mundo atual. Horkheimer explicita as consequências sombrias que são inseparáveis da hegemonia de modalidade de pensamento unicamente validadas pela autoridade cartesiana da clareza e distinção: "a afirmação de que a injustiça e a liberdade são em si mesmas melhores do que a injustiça e a opressão é, cientificamente, inverificável e inútil"[32].

As reflexões de Horkheimer sobre o eclipse da racionalidade em sua propriedade de definir horizontes eticamente desejáveis para a humanidade como um todo envolvem implicitamente uma crítica à concepção de progresso técnico e científico que se tornou hegemônica nos últimos séculos. A esse respeito, é importante ressaltar que nosso filósofo jamais considerou que o retorno a estágios anteriores de domínio da natureza seriam desejáveis como alternativa à reificação do conhecimento técnico e científico. Horizontes tecnofóbicos consistiriam apenas de escapismos irracionalistas almejadores de uma suposta felicidade do "bom selvagem". O grande problema envolvido na atual configuração de progresso diz respeito à ausência de alicerces intelectuais que autorizem julgamentos éticos racionalmente válidos para as ações humanas de domínio da natureza.

---

[32]. HORKHEIMER, M. *Eclipse da razão*. São Paulo: Centauro, 2002, p. 32 [Trad. de Sebastião Uchoa Leite].

No trajeto histórico da Modernidade, a eficiência cartesianamente calculada em relação aos meios passou a ser desacompanhada de parâmetros de julgamento sobre os fins que estivessem ancorados em uma racionalidade objetiva. A hegemonia de uma racionalidade formalizada que se concebe a si mesma como mera ferramenta técnica, alheia a finalidades éticas, denuncia a insensatez do domínio humano sobre a natureza. No processo totalitário de reificação social as forças econômicas e sociais adquiriram o mesmo caráter ameaçador antes exercido pelos poderes naturais que a razão iluminista buscou superar. Como resultado desse processo de instrumentalização da natureza e de fetichização dos meios técnicos, resta, de um lado, "um ego abstrato esvaziado de toda substância, exceto de sua tentativa de transformar tudo no céu e na terra em meios para a sua preservação"[33]. De outro lado, resta "uma natureza esvaziada e degradada a ser um simples material, simples substância a ser dominada, sem qualquer outro propósito do que esse de sua dominação"[34]. Essa destruição dos alicerces racionais da razão objetiva é importante para compreendermos o quanto tornou-se difícil para a

---

[33]. HORKHEIMER, M. & ADORNO, T.W. *Temas básicos de sociologia*. Op. cit., p. 102.

[34]. Ibid.

humanidade o empreendimento de especulações filosóficas e éticas sobre os fins que devem governar o progresso da ciência e da tecnologia.

Torna-se então fundamental compreender que, para uma crítica racional do progresso, é imprescindível a existência de referenciais conceituais dialéticos alicerçados sobre certa concepção de universalidade, sob pena da reflexão filosófica perder-se na inconsistência do relativismo. Somente a partir de certa concepção universalmente genérica de humanidade, assumindo-se a primazia de conceitos atinentes a uma razão objetiva, é possível inverter o trajeto instrumental da razão. Essa consideração sobre o caráter imprescindível de alicerces universalistas da razão é importante por preservar a possibilidade de se estabelecer julgamentos éticos acerca da distância que separa a miséria de formas particulares de existência em relação a possíveis horizontes de justiça, racionalidade e liberdade desejáveis para a humanidade como um todo. Considerando a importância dada por Horkheimer ao alcance intrinsecamente universalista e emancipador da razão, é importante ressaltar que a técnica e a ciência em si mesmas não são irredutivelmente danificadas pelos impulsos destrutivos, uma vez que estes somente se tornaram hegemônicos em nosso mundo pela sua incongruência histórica e material com as necessidades humanas. "Assim, o mal não deriva da racionalização do nosso mundo, mas da irracionalidade com que essa racionalização atua"[35]. A possível correção dos rumos do progresso exige reflexão racional sobre a desumanização crescente que é subjacente ao domínio técnico, sob pena de que o próprio progresso converta-se em uma corrente perpetuadora de recursos instrumentais que ameaça anular a própria ideia de homem, que desde o início fundamentava a necessidade de senhorio sobre a natureza.

---

35. Ibid., p. 98.

Quinta lição

Preconceito e caráter: a inaptidão à experiência

Durante os anos em que Horkheimer foi diretor do Instituto de Pesquisas Sociais ele coordenou duas grandes pesquisas sobre estudo dos aspectos emocionais e inconscientes subjacentes ao comportamento das massas na sociedade capitalista. O primeiro deles, *Estudos sobre autoridade e família*, foi publicado em 1936, e o segundo, *A personalidade autoritária*, foi publicado em 1949.

A diferença qualitativa entre os dois momentos citados reside no fato de que a persistência de um estado político de servidão voluntária, sustentado por uma estrutura sadomasoquista de caráter, exigiu o aprofundamento da aplicação de conceitos próprios ao campo da psicanálise para que se pudesse explicar o irracionalismo político na sociedade de massas. De maneira distinta da interrogação que orientava a primeira pesquisa dos anos de 1920, os estudos sobre a personalidade autoritária no final dos anos de 1940 perguntavam-se sobre os motivos que levavam os filhos de uma sociedade liberal e individualista a assumirem comportamentos regressivos teoricamente incompatíveis com o grau de racionalidade alcançado pela cultura como um todo. A resposta empiricamente confirmada por meio dos estudos interdisciplinares desenvolvidos em torno do tema da personalidade autoritária é a mesma que pode ser encontrada nas páginas filosóficas da *Dialética do esclarecimento*: independentemente da vigência política de um regime nazifascista ou de um regime liberal-democrático, o próprio progresso técnico-científico aprofunda as tendências regressivas e irracionais de pensamento e comportamento. Essa tese foi claramente apresentada por Adorno e Horkheimer: "A adaptação ao poder do progresso envolve o progresso do poder, levando sempre de novo àquelas formações recessivas que mostram que não é o malogro do progresso, mas exatamente o progresso bem-sucedido, que é culpado de seu próprio oposto"[36].

Em torno dessa contradição intrínseca ao desenvolvimento dos potenciais da própria razão, Horkheimer dedicou-se, desde os anos de 1940, à apresentação dos elementos que configuravam claramente a existência de um novo "tipo antropológico", resumido sob a expressão "personalidade

---

36. ADORNO, T.W. & HORKHEIMER, M. *Dialética do esclarecimento*. Op. cit., p. 46.

autoritária", caracterizado pelo convencionalismo moral, hostilidade e agressividade dirigida a minorias étnicas, pensamento rígido e estereotipado, introspecção, sadomasoquismo, obsessão pela sexualidade e projetividade emocional. A pesquisa empírica sobre o fascismo coordenada por Horkheimer e realizada por vários estudiosos vinculados ao Instituto de Pesquisas Sociais em sua fase norte-americana teve o mérito de comprovar uma tese altamente relevante no campo da ciência política. Na medida em que priorizou os elementos emocionais latentes da personalidade que permitiam aferir o grau de vulnerabilidade emocional ao fascismo, a pesquisa relegou a uma dimensão secundária a ideologia política manifestamente declarada pelos entrevistados. Isso implica a irrelevância das posições políticas de direita ou de esquerda quando confrontadas com as tendências emocionais de inclinação ao autoritarismo e ao fascismo, o que permitiu, no contexto da pesquisa que se relacionava com a mentalidade política norte-americana dos anos de 1940, explicar a existência de indivíduos manifestamente conservadores no campo político (defensores do *status quo* capitalista) que tanto poderiam ser liberais (personalidade não autoritária) quanto fascistas. Inversamente, constatou-se a existência de indivíduos ostensivamente liberais em suas opiniões políticas (críticos do *status quo* capitalista), que tanto poderiam ser liberais também no plano emocional quanto poderiam possuir inclinações autoritárias e fascistas. Dessa forma, o critério decisivo para a definição do comportamento político não era a autodefinição ideológica, mas sim a pontuação na *Escala F*, indicador empírico definidor do grau de vulnerabilidade emocional ao fascismo. Se fizermos uma correspondência com as tendências políticas próprias à sociedade brasileira atual, podemos pensar na existência de indivíduos com ideias conservadoras de direita (simpatizantes do neoliberalismo e da meritocracia social) aos quais pode ser latente uma personalidade democrática e liberal (simpatizantes das diferenças étnicas e de gênero) ou fascista (preconceituosa). Da mesma forma, podemos afirmar a existência de indivíduos manifestamente de esquerda (críticos do neoliberalismo e da meritocracia social) que podem igualmente apresentar uma personalidade democrática ou autoritária.

O núcleo da síndrome fascista revelado pela pesquisa sobre o autoritarismo era, sem dúvida, o pensamento estereotipado e preconceituoso emocionalmente motivado por fortes tendências projetivas. Em virtude disso, o preconceito emergiu como um tema importante em diversas reflexões de Horkheimer, como pano de fundo explicativo dos comportamentos agressivos contra minorias étnicas e raciais na sociedade de massas. Ao refletir sobre o preconceito, Horkheimer apresenta uma importante demarcação que permite diferenciar o preconceito em sua dimensão indispensável para a vida cotidiana, da sua utilização rígida e patológica. Na vida cotidiana, a abreviação do significado das experiências mediante ideias gerais tem o importante papel de simplificar as comunicações e gestos comuns da vida humana. Para Horkheimer, "sem a maquinaria dos preconceitos ninguém conseguiria atravessar a rua nem muito menos atender a um cliente"[37]. O preconceito ultrapassa as barreiras que o ligam à autoconservação quando é o resultado de processos emocionais projetivos que bloqueiam a possibilidade da realização de experiências autônomas. É justamente a incapacidade de reflexão autônoma sobre os conteúdos projetados no objeto que conduz à visão estereotipada que caracteriza o preconceito nos campos da etnia, da política e da sexualidade. Quando a projeção se automatiza no contato com o mundo externo, tornando-se inteiramente alheia e relutante às necessárias correções que poderiam ser proporcionadas por uma experiência isenta e autônoma com o objeto, ela conduz à formação e perpetuação de preconceitos que se

---

37. HORKHEIMER, M. & ADORNO, T.W. *Temas básicos de sociologia.* Op. cit., p. 180.

tornam rígidos e alérgicos à própria experiência, abrindo caminho para as explosões de violência e perseguição típicas do fascismo.

Horkheimer desenvolve uma reflexão acerca dessa extrapolação dos limites de adequação do preconceito e da projeção, recorrendo a um exemplo simples e universalmente aplicável. Quando uma criança deixa a casa dos pais e passa a se relacionar com pessoas inicialmente estranhas, que são seus colegas de grupo na escola, ela necessita combater sua própria debilidade e impotência para que possa amadurecer suas qualidades intelectuais e emocionais. Sob contextos familiares e sociais que desfavoreçam a experiência autônoma com o mundo, essa criança se vê tentada a cristalizar a projeção como mecanismo automatizado na relação com o mundo externo. Em vez de entregar-se a um processo doloroso de elaboração da debilidade interna, a criança, juntamente com outros colegas de grupo que passam pelo mesmo processo, poderá se proteger da dor e do incômodo inevitáveis pela projeção de sua impotência em determinadas vítimas que se tornam objetos de expiação da fraqueza alheia. Sob o compasso da projeção doentia, o preconceito, que deveria ser restringido a suas generalizações necessárias para a autoconservação, torna-se um recurso automatizado e rígido de representação da realidade.

Ao integrar uma coletividade de pessoas que imaginariamente se consideram fortes e superiores em relação à vítima, estereotipadamente vista como fraca e inferior, a criança experimenta uma dupla modalidade de gratificação emocional pela possibilidade de extravasar suas pulsões agressivas sobre um objeto externo, e também pela purificação imaginária proporcionada pela catarse agressiva sobre a vítima. A dinâmica grupal doentia que afeta grupos de crianças em suas primeiras experiências na escola estende-se igualmente aos grandes coletivos sociais, quando "a cólera é descarregada sobre os desamparados que chamam a atenção", "vítimas intercambiáveis segundo a conjuntura: vagabundos, judeus, protestantes, católicos"[38]. O que há de comum entre pequenos grupos escolares que expiam sua própria debilidade por meio da agressividade em situações de trotes coletivos e *bullying*, e as coletividades fascistas dos mais diversos tipos, dos nazifascistas aos fundamentalistas religiosos, é explicado por Horkheimer por meio da apropriação do importante conceito freudiano de *unheimliche*, que designa um objeto externo que é experimentado simultaneamente, como é estranho e familiar ao observador.

---

[38]. Ibid., p. 160.

A vítima do fascismo, sendo percebida como estranha, por suas peculiaridades de natureza étnica, religiosa ou sexual, desempenha o duplo papel de legitimar a agressão, uma vez que sua estranheza a torna merecedora de sofrimento, mas também de impedir que os traços de familiaridade entre agressor e vítima (a fraqueza e a debilidade referidas no parágrafo anterior) permaneçam ocultados à consciência do agressor. Sobre esse processo, dizem Horkheimer e Adorno em *Dialética do esclarecimento*, "o que repele por sua estranheza é, na verdade, demasiado familiar"[39]. Segundo Jeanne-Marie Gagnebin, só haveria "proximidade verdadeira" que permitisse superar a polaridade entre agressor e vítima se houvesse "reconhecimento da estranheza e da alteridade em sua radicalidade não camuflada"[40]. O antídoto contra o fascismo seria, portanto, a abertura do sujeito a uma experiência autônoma e racional com o objeto que lhe permitisse a preservação da capacidade de autorreflexão em relação a projeções e preconceitos quando estes assumem uma dimensão patológica. Porém, o que torna inglória essa tarefa de esclarecimento

---

39. ADORNO, T.W. & HORKHEIMER, M. *Dialética do esclarecimento*. Op. cit., p. 170.

40. GAGNEBIN, J.-M. "Após Auschwitz". In: *Lembrar, escrever, esquecer*. São Paulo: Ed. 34, 2006, p. 94.

racional é a posição insistentemente defensiva daqueles que necessitam proteger-se rigidamente da percepção e elaboração de sua própria debilidade e impotência, pois estes, quanto mais pressentem a falsidade de suas crenças, "com maior entusiasmo se aferram a ela. O preconceito rígido se converte em fanatismo"[41].

---

[41]. HORKHEIMER, M. & ADORNO, T.W. *Temas básicos de sociologia.* Op. cit., p. 181.

Sexta lição
O declínio do indivíduo e a luta pela autopreservação

O tema do declínio e enfraquecimento da individualidade é fundamental para a compreensão da crítica endereçada por Horkheimer e Adorno ao fascismo e à personalidade autoritária. Para entendermos a crise do indivíduo na sociedade monopolizada pelo capital e pelas burocracias estatais é importante definirmos o significado do termo "indivíduo". Em princípio, a tradição filosófica atribuiu ao conceito de indivíduo a qualidade de substância indivisível, concreta, fechada, autossuficiente e independente do processo de socialização. Na metafísica de Leibniz a autossuficiência do indivíduo alcançou sua mais refinada e precisa elaboração filosófica por meio da Teoria das Mônadas, que proporcionou um "modelo conceitual para a visão individualista do homem concreto na sociedade burguesa"[42]. A definição de indivíduo como átomo

---

[42]. Ibid., p. 46.

espiritual, indivisível e desprovido de partes e de extensão atingiu, graças à formulação leibniziana, a ideia mais elaborada da individualidade como substância absoluta que existiria em condições de antítese frente à socialização. Com os desenvolvimentos posteriores da filosofia, em particular por meio da fenomenologia do espírito de Hegel, a concepção absoluta e autossuficiente de indivíduo, que havia sido igualmente acalentada pelos românticos alemães, foi entendida como "ser-para-si" do singular que representaria um momento transitório do processo social a ser superado. Para Hegel, como a autoconsciência da singularidade está intrinsecamente relacionada com a existência de uma outra singularidade que a reconheça, ela é mediada pela sociedade, o que leva necessariamente à constatação de que "a crença na independência radical do ser individual em relação ao todo nada mais é do que uma aparência"[43].

A concepção do indivíduo como singularidade socialmente mediada transparece com grande clareza na existência dos sujeitos econômicos livres e independentes na sociedade liberal dos séculos XVIII e XIX. O empresário burguês, motivado pela necessidade de atuar na defesa de seus interesses econômicos no mercado era simultaneamente forçado ao

---

43. HORKHEIMER, M. *Eclipse da razão*. Op. cit., p. 52.

desenvolvimento de um pensamento independente que se configurava como fermento da individualidade. Sob esse aspecto pode-se afirmar que a estrutura liberal da sociedade burguesa formava, pelo menos até o início do século XX, certa "base econômica da individualidade", que, ao mesmo tempo em que desenvolvia o senso de independência do empresário burguês, também fomentava os elementos de autonomia essenciais para a formação da maioridade racional dos indivíduos singulares. Por outro lado, essa reciprocidade entre indivíduo e sociedade, por meio da qual as leis do mercado forçaram o desenvolvimento do indivíduo independente, esteve envolvida por uma dialética que culminou no fortalecimento do poder econômico e político e no declínio da própria individualidade, pois "quanto mais o indivíduo é reforçado, mais cresce a força da sociedade, graças à relação de troca em que o indivíduo se forma"[44]. Como consequência da mediação recíproca e contraditória entre indivíduo e sociedade, com o aparecimento dos gigantescos monopólios, trustes e cartéis nas primeiras décadas do século XX, o burguês independente e confiante no futuro forjado na era liberal deu lugar a um "ego encolhido, cativo do presente evanescente, esquecido do uso das funções intelectuais pelas quais

---

44. Ibid., p. 53.

outrora era capaz de transcender a sua real posição na realidade"[45].

As transformações ocorridas na base material das sociedades ocidentais nas primeiras décadas do século XX acarretaram adicionalmente um processo paralelo de dissolução da estrutura familiar burguesa que trouxe sérias implicações para o conceito de indivíduo. Com a passagem da livre concorrência liberal para a monopolização da economia por grandes empresas capitalistas, juntamente com a decadência da figura do pequeno empresário, manifestaram-se igualmente fortes tendências de debilidade da autoridade paterna. A ação econômica e educativa do pai, que antes permitia o desenvolvimento de espíritos livres e autônomos que sabiam encontrar em si próprios os motivos dos fracassos na vida, sem atribuí-los a causas sociais, tornou-se gradativamente mais fraca, impedindo aos jovens uma passagem adequada pelos inevitáveis conflitos edipianos. Embora reconhecendo a existência de aspectos repressivos inerentes à autoridade paterna, Horkheimer destaca que a dissolução desta facilitou a substituição dos indivíduos da era liberal pelos átomos sociais na era do capitalismo tardio. A debilidade econômica e familiar do pai trava o processo pelo qual

---

45. Ibid., p. 142.

sua autoridade servia como modelo para uma identificação que é fundamental para a elaboração das experiências de amor e ódio intrínsecas à infância. Como resultado de uma generalizada atomização social, "a criança já não pode identificar-se totalmente com o pai, não pode fazer a interiorização das exigências impostas pela família, que apesar de seus aspectos repressivos, contribuía de uma forma decisiva para a formação do indivíduo autônomo"[46]. O resultado de um processo incompleto e frustrado de identificação e posterior superação da autoridade paterna não é a geração de uma personalidade liberada dos tabus morais antes impostos pela tradição, mas, pelo contrário, a produção de necessidades emocionais de identificação com imagens substitutas ainda mais poderosas do que aquela representada pelo pai original. O ego frágil assim produzido identifica-se com imagens substitutivas do pai, encarnadas pelos diversos poderes coletivos aos quais a criança é precocemente integrada, como a escola, o clube e o Estado. A transferência da imagem paterna para as agremiações coletivas é acompanhada da necessidade de submissão à autoridade do líder e da acumulação de impulsos agressivos cuja sublimação deveria ter sido aprendida na elaboração dos conflitos com

---

46. Ibid., p. 144.

a autoridade paterna original. Como resultado dessa transferência forçada da autoridade paterna para lideranças coletivas, em vez de uma individualidade autônoma, tem-se a geração de um ego frágil e vulnerável à identificação com líderes fascistas e à canalização das pulsões agressivas sobre as vítimas de plantão. "Hitler e a ditadura moderna são, de fato, o produto de uma sociedade em que está destruída a figura do pai"[47].

Os processos concomitantes de monopolização da economia e de fragilização da autoridade paterna confluem para um aumento da vulnerabilidade ao fascismo, uma vez que a possibilidade de resistência a coletivos fascistas e autoritários depende justamente do desenvolvimento da individualidade autônoma. A válvula de escape para o ressentimento acumulado contra a autoridade paterna e contra a própria civilização consiste no retorno dos impulsos miméticos reprimidos ao longo do processo de socialização. Os modos miméticos mediante os quais a criança constrói sua personalidade, pela imitação dos gestos, entonação de voz, modo de andar e outras idiossincrasias dessa natureza constituem-se como etapa de incorporação de um "estilo" comportamental posteriormente substituído por métodos racionais de aprendizagem. Segundo Horkheimer,

---

[47]. Ibid., p. 145.

"o progresso cultural como um todo, bem como a educação individual, isto é, os processos filogenéticos e ontogenéticos de civilização, consistem em grande parte na conversão das atitudes miméticas em atitudes racionais"[48]. Como exemplo dessa fase do espírito no sentido hegeliano do termo, Horkheimer refere-se à substituição efetuada por culturas primitivas das práticas mágicas pelo tratamento técnico do solo, processo análogo àquele realizado por toda criança no desenvolvimento da cognição. Sob as condições de hegemonia da racionalidade subjetiva na sociedade industrial, como a realização das potencialidades humanas perece como esperança traída, os modos de comportamento mimético permanecem à espreita, podendo manifestar-se sob as diversas formas de barbárie fascista. O aspecto sombrio da regressão à barbárie, que no século XX culminou no nazifascismo, é que a mimese reprimida é perversamente canalizada sob a forma de impulsos destrutivos que se dirigem contra as minorias imaginariamente personificadoras do mal: "como os pudicos censores da pornografia, os homens abandonam-se aos impulsos proibidos com ódio e desprezo"[49] (2002, p. 119). Essa dinâmica emocionalmente projetiva, insuflada por uma estereotipia

---

48. Ibid., p. 118.

49. Ibid., p. 119.

negativa sistematicamente apregoada pelos líderes fascistas manifesta-se como "desejo implacável de perseguir", que por "sua vez é utilizado para manter o sistema que o produz"[50]. A esse respeito Horkheimer cita a mobilização dos impulsos miméticos reprimidos realizada pelos oradores fascistas em seus comícios, no momento em que ele arrancava risos da plateia ao imitar e ridicularizar o judeu. A força desse círculo vicioso, que consiste na produção de necessidades regressivas que são sistematicamente manipuladas para ampliar e reproduzir o sistema de dominação que criou essas mesmas necessidades, explica as imensas dificuldades de se combater o fascismo. A luta antifascista é inglória tanto no nível institucional, quando sob certos contextos políticos a disseminação de preconceitos sintoniza-se com as forças materiais da sociedade, quanto no âmbito do indivíduo singular, em virtude da gratificação emocional sadomasoquista que o acompanha. O caráter igualmente preocupante, que faz do combate ao fascismo uma prioridade absoluta no campo educativo, é que, mesmo sob condições institucionalmente democráticas, nenhuma sociedade está livre da estereotipia projetiva que alimenta preconceitos contra diversos tipos de minorias, bem como disputas agressivas entre coletivos. Nos tempos atuais

---

50. Ibid.

não são raros os episódios de violência contra homossexuais, prostitutas, indígenas, minorias étnicas em geral, bem como práticas de *bullying* e disputas agressivas entre gangues urbanas e torcidas de futebol. "A esse respeito, o homem moderno não é muito diferente do seu antecessor medieval, exceto na escolha das suas vítimas"[51].

---

51. Ibid.

Sétima lição
Moral, sofrimento, compaixão

Contra a crença iluminista de que a razão conduziria a humanidade à perfectibilidade moral e à felicidade, Horkheimer recupera do pensamento de Schopenhauer aspectos que denunciam o desespero, a dor e a infelicidade do singular. Em sua filosofia o negativo não é edulcorado com aparência de sentido, mas exposto em sua nudez, violência e falta de sentido. Schopenhauer não se utiliza de nenhum artifício linguístico para dar sentido ao que não tem sentido. Muito menos se utiliza de subterfúgios em sua filosofia da história, "em que as vítimas não aparecem e os verdugos se escondem [...]. A crueldade não se converte em um ídolo e sua interpretação positiva lhe é abominável"[52].

É nesse registro que Horkheimer constrói uma filosofia que se recusa a pensar a história enquanto

---

52. HORKHEIMER, M. "Schopenhauer y la sociedade". In: ADORNO, T. & HORKHEIMER, M. *Sociologica II*. Madri: Taurus, 1971a, p. 164 [Trad. de Victor Sanchez de Zavala].

reino da felicidade, "fábula idealista do ardil da razão"[53] que justifica tanto a crueldade do passado quanto o estado de coisas do presente. Não se pode antever um bom *telos* para a história, antecipando no conceito o que deve ser concretizado na realidade, como quisera Hegel com seu sistema lógico. A história em sua materialidade está em contradição com a realização da positividade do Absoluto hegeliano, pois nele se inclui a morte, a tortura e todas as formas de atentado contra a vida.

Crítica semelhante é dirigida a Marx pelo otimismo com que pensou a história da humanidade enquanto processo que se desenvolve como práxis humana futura que emerge da materialidade das contradições inerentes ao capitalismo. Essa práxis libertaria os homens do império das necessidades e os conduziria ao reino da liberdade. Horkheimer desconfia das tendências evolutivas do processo histórico e de seu caráter inevitável. Para a filosofia da história de Marx "o desenvolvimento pode ser interrompido por catástrofes, rechaçado, inclusive destruído, mas não pode ser alterado quanto a sua direção"[54]. A história do presente desmente esse

---

53. HORKHEIMER, M. La actualidad de Schopenhauer. In: ADORNO, T. & HORKHEIMER, M. *Sociologica II*. Madri: Taurus, 1971b, p. 176 [Trad. de Victor Sanchez de Zavala].

54. HORKHEIMER, M. Marx en la actualidad. In: *Sociedad en transición*: estudios de filosofia social. Barcelona: Península, 1976, p. 49 [Trad. de Joan Godo Costa].

prognóstico. O avanço das forças produtivas não acirrou as contradições internas às relações de produção e o progresso tecnológico não correspondeu ao desenvolvimento de sujeitos mais autônomos e livres. Ao contrário, o que se viu com o processo de automação foi a intensificação das formas de controle e administração da vida. Por essa razão, persistiria no otimismo de Marx elementos do idealismo que sacrifica o singular às contradições da totalidade social.

A leitura que Horkheimer faz de Schopenhauer tem um desdobramento importante do ponto de vista do agir moral, que pode ser assim sintetizado: os sistemas filosóficos que buscaram construir, ao longo da tradição ocidental, um sentido último para vida recorrendo a princípios absolutos não podem orientar o agir humano. Horkheimer retoma a crítica de Schopenhauer à metafísica e à moral kantiana, dizendo-nos que o agir moral deve se orientar pelo que é em si mesmo mais real. Esse mais real é a vontade enquanto coisa-em-si que constitui a verdadeira essência do mundo. Busca-se aqui pensar um novo fundamento para a moral sem recorrer a qualquer princípio absoluto ou ao imperativo categórico kantiano. Se em Kant a coisa-em-si não pode ser conhecida pelo entendimento e pela razão, em Schopenhauer ela pode ser acessada por um saber distinto, oriundo do corpo compreendido como vontade em que se entrelaçam experiência interna e externa. Schopenhauer pensa a vontade enquanto essência de todos os fenômenos por analogia: "do mesmo modo que podemos conhecer o corpo de duas maneiras distintas, podemos por analogia admitir que os demais fenômenos sejam, de um lado, representações, e de outro, 'o que em nós chamamos de vontade'"[55].

Por meio da analogia Schopenhauer desloca o fundamento moral do domínio do incondicionado e do imperativo categórico kantiano para o domínio do sentimento, localizado no âmbito da vontade. O móvel da ação moral não se fundamenta em princípios abstratos, mas no que há de mais real e empírico e que exerce sua força sobre o homem. Esse móvel é parte constitutiva da natureza humana e obedece às leis da vontade como parte da totalidade da natureza. Desse modo, a liberdade está fundada na recusa da determinação da vontade pela razão, e não tem a sua origem numa causa transcendental, mas na primazia da vontade sobre o intelecto. O móvel da ação moral deve ser procurado na experiência interna e externa dos indivíduos, à qual se deve atribuir valor moral. O valor moral da ação se define pela identificação com o sofrimento do outro,

---

[55]. CACCIOLA, M.L.M.O. *Schopenhauer e a questão do dogmatismo*. São Paulo: Edusp/Fapesp, 1994, p. 50.

"[...] pressupõe necessariamente que eu sofra com o seu mal-estar, sinta seu mal-estar como se fora o meu"[56]. A diferença entre mim e o outro, origem de todo egoísmo, só pode ser suspensa pelo exercício da alteridade que pode ser confirmado no fenômeno da compaixão cotidiana, por meio do qual se dá a participação no sofrimento do outro e encontra seu fundamento último na própria natureza humana. Isso ocorreria na perspectiva schopenhaueriana, comenta Chiarello, por meio da passagem da multiplicidade aparente, *principium individuacionis*, em que os indivíduos se representam diferentes no tempo e no espaço, preocupados exclusivamente com a autoconservação, para um mergulho no objeto que deixa de ser resultado da representação do sujeito cognoscente, para aparecer em si mesmo. No entanto, esse processo só pode ocorrer mediante a emancipação do entendimento e da razão do jugo da vontade. Aquele que adquirisse a consciência de que a vontade individual é a manifestação da vontade presente em todos os seres, "abandonaria de bom grado sua individualidade, não mais estabelecendo uma diferença entre seu ser e o dos restantes homens; ele tomaria tanto interesse pelos sofrimentos alheios como pelos seus próprios"[57]. Assim, "o

---

56. SCHOPENHAUER, A. *Sobre o fundamento da moral.* São Paulo: Martins Fontes, 1995, p. 129 [Trad. de Maria Lúcia Cacciola].

57. CHIARELLO, M.G. *Das lágrimas das coisas.* Op. cit., p. 269.

fundamento da ética desloca-se, pois, da razão e de seus imperativos para o sentimento, e à moral do dever contrapõe-se uma moral do ser, a moral da compaixão"[58].

O fundamento para ação moral não se encontra em nenhum princípio racional abstrato, "mas sim em um impulso pré-racional em direção ao outro sofredor"[59]. Esse sofrimento, ressaltamos acima, tem sua materialidade no corpo que sofre, vítima de uma racionalidade identificada com a destruição que reduz a corporeidade a objeto de manipulação que desfigura o ser humano. Esse impulso pré-racional que se compadece com o outro sofredor não é conivente com a realidade histórica. A compaixão não fica reduzida a uma "certa sentimentalidade", como denunciara Kant, mas funciona como um espelho em que a razão pode tomar consciência de seus limites, sobretudo, da perversão que é capaz se transformada em razão instrumental. Horkheimer e Adorno chamaram a atenção para os riscos de a compaixão flertar com a injustiça e acatar a lei da alienação universal, ao revelar sua fragilidade diante das mazelas do mundo. Mas, de outro modo, salientam os pensadores que a compaixão se opõe

---

[58]. CACCIOLA, M.L.M.O. *Schopenhauer e a questão do dogmatismo*. Op., cit., p. 156.

[59]. GAGNEBIN, J.-M. "Após Auschwitz". In: *Lembrar, escrever, esquecer*. Op. cit., p. 76.

à apatia e à frieza burguesas e funciona como uma espécie de denúncia à não realização dos ideais universais. A compaixão nos remeteria à injustiça, ao sofrimento e à miséria que ainda persistem, ao mesmo tempo em que revela a presença, no interior da própria razão, dos aspectos da insensibilidade.

Para Horkheimer, a filosofia de Schopenhauer cumpre a importante função de fazer emergir o negativo na história ao romper com o predomínio de uma linguagem unidimensional que insistiu ao longo da tradição ocidental em encontrar o remédio para o irremediável da dor e do sofrimento humanos na unidade do conceito. Com esse pensamento, que negou conciliação entre pensamento e realidade, fez-se ouvir a voz do singular, trazendo à luz o lado opaco da história da *Aufklärung* em que razão e poder se fizeram aliados. Ao mesmo tempo revelou o quanto os discursos científicos e filosóficos se transformaram em instrumentos das forças dominantes da sociedade. "Schopenhauer se aferrou ao conceito de verdade, ainda quando esta traz o negativo de si mesma: significava para ele a resolução de não se tranquilizar com nenhuma ilusão [...]. 'Quem ama a verdade odeia aos deuses'"[60]. Nisso consiste a lucidez moral do pensamento de Schopenhauer que não acoberta as contradições da realidade social e nem

---

60. HORKHEIMER, M. La actualidad de Schopenhauer. Op., cit., p. 190.

faz a ela quaisquer concessões. Ao destruir o véu luminoso da metafísica, esse "pessimista clarividente" revelou ao homem a sua condição de desamparo do qual emerge a solidariedade que só se conquista na dor e na desesperança. O indivíduo desamparado que não encontra consolo em nenhuma utopia se constitui como a única força que pode transformar a realidade social, numa época em que os sujeitos dessa transformação foram destituídos de seu vigor.

É sob essa perspectiva que Horkheimer alia ao seu materialismo o pessimismo schopenhaueriano como forma de combater o espírito de resignação diante da história. O pessimismo cumpre uma função social na luta contra o pensamento que justifica a dor, a morte e o sofrimento do indivíduo singular em nome do universal e confere visibilidade ao aniquilamento da particularidade na sociedade contemporânea. Na manutenção dessa atitude pessimista o sofrimento e a dor atuam como uma espécie de *pathos*, de ferida aberta, que denuncia as tramas do mundo administrado[61]. Diante desse mundo, "a filosofia tende a deixar-se a si mesma em suspenso"[62], e mantém-se enquanto força reflexiva negativa que não encontra repouso em nenhum absoluto.

---

61. Cf. MATOS, O.F.C. Introdução. In: *Teoria Crítica I*. Op. cit., p. XIII-XXII.

62. HORKHEIMER, M. La actualidad de Schopenhauer. Op. cit., p. 189.

Oitava lição
Horkheimer e a religião negativa

Certamente, a defesa da religião nos últimos textos de Horkheimer é surpreendente e, até certo ponto, enigmática. Pode esta revalorização da religião ser coerente com o pensamento crítico que orientou toda a produção da chamada Escola de Frankfurt e, em particular, o pensamento de Horkheimer?

Uma resposta consistente a essa questão implicaria uma análise que está além do alcance deste texto, mas ao menos alguns elementos essenciais da compreensão de Horkheimer sobre a religião podem ser esboçados a partir de seu diagnóstico sobre a cultura, de sua apropriação do idealismo kantiano e do pessimismo de Schopenhauer e de sua concepção de crise na religião, resgatando para ela um sentido distanciado tanto do senso comum como da teologia tradicional.

Para Horkheimer[63], nos anos de 1960 se apresentava uma configuração na qual a razão instru-

---

63. HORKHEIMER, M. Observaciones sobre la liberalización de la religión. In: *Anhelo de justicia*: Teoría Crítica y religión. Op. cit.

mental passou a ser identificada com a própria razão, e a indústria cultural se tornou tão abrangente que a afirmação de uma falsa harmonia entre os indivíduos e a sociedade minava quase completamente a resistência e impunha universalmente a servidão voluntária. Ao mesmo tempo, a religião se liberalizava, acatando em seus rituais e preceitos ideias que a aproximavam da indústria cultural e minimizavam a distância entre a Igreja e os fiéis.

O problema é que com a liberalização se perdeu, mesmo entre os defensores das religiões, a dimensão negativa representada na confiança em um Outro, ou seja, declinou o vínculo com um criador que está além da razão humana, e que embasava uma esperança de justiça. Horkheimer não deixa de assinalar que as religiões se prestaram a justificar as maiores atrocidades na história da humanidade, mas elas ao mesmo tempo constituiriam – em um contexto em que se fecham as possibilidades de transformação social – possibilidades de resguardar um elemento "bidimensional" e negativo que é essencial à manutenção do impulso crítico. Dessa forma, o resguardo do elemento negativo da religião passa a ser importante para uma práxis de resistência à homogeneização cultural.

A liberalização da religião, portanto, é uma das faces do declínio da crítica, que perdeu força tal como o elemento negativo das religiões. As mudanças propostas no Concílio Vaticano II, por exemplo, ao mesmo tempo tiveram o efeito de tornarem menos esdrúxulos alguns preceitos religiosos e aplanar as contradições entre este mundo e o Inteiramente Outro que a religião abrigava. Nesse sentido, as tentativas de salvar a religião depois das guerras mundiais tiveram resultados ambíguos. A teologia progressista afirmou o caráter simbólico da palavra revelada, colocando Deus como um "incondicional no condicionado", o que tanto revela algo importante sobre as escrituras como permite superar algumas contradições na tentativa de preservar o impulso religioso, mas deixa intacto o fato de que as condições materiais levam a uma desmobilização da religião, enfraquecendo ao mesmo tempo a crítica.

Para Horkheimer[64] é a filosofia de Shopenhauer que mais claramente desmascara a pretensão de identidade entre o desejo de verdade e o mundo ao denominá-lo vontade, um impulso para a autoconservação que não tem fins específicos e nunca pode ser totalmente domado ou satisfeito. As teologias progressistas que pretendem fundamentar a religião na fé ou em simbolismos conciliadores, assim, convergem, de um modo ou

---

64. HORKHEIMER, M. Teísmo/ateísmo. In: *Teoría Crítica y religión*. Op. cit.

de outro, com o antidogmatismo dogmático que caracteriza a ciência positivista, e ambas tratam de ajustar os indivíduos a uma sociedade fundamentalmente má. Ao suavizar o caráter negativo da esperança no Inteiramente Outro as religiões tornam mais fácil a manipulação deliberada dos indivíduos.

É no contexto da crítica à liberalização da religião que Horkheimer afirma: "es inútil querer salvar un sentido incondicional sin Dios"[65]. Com essa afirmação, que tem inúmeras consequências no campo epistemológico e moral, ele quer salvaguardar o sentido negativo e crítico que há na religião, e que se perde nas tentativas de adaptar seus rituais e preceitos ao mundo da razão instrumental. Querer identificar positivamente o incondicionado no condicionado resulta em religião num mau sentido, ou seja, resulta em ideologia religiosa. Por isso, em várias ocasiões, Horkheimer rejeita toda e qualquer imagem de Deus, assim como todas as representações positivas do bem e do Absoluto.

Historicamente, a esperança no Inteiramente Outro não foi abandonada sem resistências; a filosofia ocidental tentou em vários momentos dar resposta à dúvida e à dor que fazem parte inevitavelmente da vida humana. Em alguma medida,

---

65. Ibid., p. 85.

mesmo o Iluminismo tentou conciliar as ideias de Deus e de ciência, mas os resultados não são menos ambíguos que os da teologia. Kant postulou que a verdade última sobre o mundo não nos é acessível, e para Horkheimer essa assertiva é fundamental, pois: "solo podemos hablar de religión poniendo de manifesto que la realidad conocida por nosotros no es la realidad última"[66]. Mas, ao mesmo tempo, o sistema kantiano faz convergirem teísmo e ateísmo ao integrar o completamente outro e a economia burguesa sob o molde da razão transcendental e do imperativo categórico. Essa integração num sistema destrói aquilo que se procura abrigar, pois torna impossível justamente a manifestação dos interesses transcendentes que declinam sob a forma histórica da razão burguesa.

É somente em obras consideradas niilistas e malditas que se abrigaria ainda uma distância em relação ao existente que permitiria salvar alguma verdade religiosa, e Horkheimer cita Marx e Freud como autores em que esse impulso ao Inteiramente Outro ainda se encontra preservado. A manutenção do anelo do Inteiramente Outro, portanto, estaria preservada fora das teologias e religiões afirmativas, em obras que contêm, intencionalmente ou não, o impulso para o incondicionado e uma crítica

---

66. Ibid., p..136.

radical às contradições do mundo existente. Daí sua conclusão de que:

> La oposición entre teísmo y ateísmo ya no es actual. En otro tiempo fue el ateísmo un signo de independencia interior y de indescriptible valor. En los Estados totalitarios y semiautoritarios donde es considerado un sintoma del odiado espíritu liberal, lo es aun hoy. Bajo el dominio totalitario, de cualquier signo, que constituye hoy la amenaza universal, suele ocupar su lugar el teísmo honrado[67].

A preservação e a escolha do teísmo por Horkheimer, portanto, tem relação com o diagnóstico de que as condições históricas do pós-guerra levaram à liquidação da religião, eventualmente por meio da própria teologia liberalizante, e isso levou à perda da esperança em um Inteiramente Outro, que é essencial tanto ao pensamento crítico como à ação política revolucionária. A religião torna-se importante para a Teoria Crítica porque sua tarefa não é somente transformar o que é necessário, mas também – e fundamentalmente – preservar o que é imprescindível manter: o anelo de um Inteiramente Outro. Trata-se de preservar um Outro além do alcance da razão instrumentalizada no momento em que até mesmo as ações políticas consideradas progressistas se pautam em sua lógica.

---

67. Ibid., p. 86.

O sentido da religião histórica que emerge de seus escritos, portanto, resulta ambivalente: ela é falsa quando se ajusta aos costumes, à razão e à temporalidade características das sociedades tendencialmente totalitárias; ela tem parentesco com a verdade quando se considera que o que podemos saber não é a verdade última, que somos mortais e frágeis, que sentimos dor e conhecemos inevitavelmente o sofrimento, e, finalmente, que apesar de tudo o mal não pode seguir triunfando. Religião, assim, ganha o sentido de esperança de justiça e confiança em uma práxis adequada a esse anelo, e também de amor à verdade e à redenção. É na revolta contra as injustiças sociais que se manifestam os impulsos que são característicos da religião em um bom sentido; nela se preserva a ideia do Inteiramente Outro, de um reino da justiça. Claramente, não se trata de um impulso em direção à própria salvação ou um consolo pessoal para as dores deste mundo, mas de um impulso prático para a ação política, orientado pelo anelo de justiça.

É importante assinalar que não é possível nenhuma remissão desse anelo às representações estabelecidas de Deus, ou a uma compensação futura por atos compassivos. É também fundamental considerar que a inegável e irresistível vitória dos injustos na história contradiz explicitamente a ideia positiva de um Deus justo e bom. Por isso,

Horkheimer[68] recusa as representações positivas de Deus, tal como os imperativos morais que supostamente representam o bem na filosofia ou na religião. De um lado, a tarefa da religião sempre foi produzir uma convergência real entre justiça e práxis, e a razão ocidental abraçou essa ideia nas filosofias de Kant e Hegel, em especial na metafísica moral do primeiro, mas, de outro lado, a confiança de que essa convergência se materialize positivamente leva inescapavelmente a falsas totalizações.

No momento histórico atual as manifestações da vontade livre e da individualidade são cada vez mais raras, ou seja, no momento do triunfo da sociedade administrada a religião descrita por Horkheimer resguarda a esperança de que ainda sejam possíveis a compaixão pelos homens e uma avaliação mais sóbria sobre o progresso material e suas contradições. Se essa esperança sempre norteou a crítica negativa, e as ressalvas perdem o essencial de sua mensagem, é preciso preservar o impulso ao Inteiramente Outro.

O elemento essencialmente crítico e negativo, portanto, parece estar preservado na religião tal como Horkheimer a apresenta. Ela é não dogmática e, ao mesmo tempo, procura preservar a esperança

---

68. HORKHEIMER, M. Sobre la duda. In: *Anhelo de justicia.* Op. cit., p. 115.

sem a qual a ação crítica perde seu impulso. Além disso, a dúvida enfática, segundo Horkheimer[69], é um componente essencial da esperança no Inteiramente Outro, pois sem ela emergem fanatismos e justificativas para as injustiças. Ela ganha os contornos de uma negatividade crítica que reconhece que as pretensões dogmáticas já não podem ser mantidas, mas é essencial visar à verdade e à justiça. O que se preserva das tradições religiosas, portanto, é uma esperança carregada de luto pelo sofrimento contínuo na história humana, mas sem confiança ou segurança, já que não é possível abrir mão da dúvida.

A Teoria Crítica se recusa a representar o que não deve ser representado, mas ao mesmo tempo identifica essa perda como um grave problema, pois o abandono da esperança de justiça resulta em um ajustamento ainda mais brutal dos sujeitos à realidade mutilada. Por isso, afirma Horkheimer:

> La verdadera función social de la filosofia está en la crítica de lo existente. Esta no consiste en un afán superficial de crítica de determinadas ideas y situaciones, como si el filósofo fuera um cómico. [...] Los hombres deben aprender a captar la relación entre su actividad individual y lo que se logra mediante ella, entre su

---

69. Ibid., p. 116-117.

> existencia particular y la vida general de
> la sociedad, entre sus proyectos diarios y
> las grandes ideas que reconocen[70].

É por isso que a filosofia de Schopenhauer e seu pessimismo podem nos ajudar a compreender o que Horkheimer quer dizer quando resgata a religião. É também por esse motivo que a crítica de Kant a todas as representações que têm a pretensão de designar um Absoluto é essencial. Todas as representações de um incondicionado são inevitavelmente mediadas pelas funções intelectuais dos sujeitos e são, nesse sentido, fenômenos que se deve tratar como tais, ou seja, como coisas necessariamente condicionadas. Isso gera uma proibição de ultrapassar o limite em direção ao Incondicionado, e também produz, historicamente, a perda da ideia e do sentimento desse Outro. Esse é o preço a pagar pelo progresso do próprio entendimento: a perda da possibilidade de representar o Outro, e, com ela, segundo Horkheimer, também se perde a tarefa da teologia e da cultura ocidental: realizar a justiça sobre a Terra.

---

70. HORKHEIMER, M. El anhelo de lo totalmente Outro. In: *Anhelo de justicia*. Op. cit., p. 180.

Nona lição
Pessimismo e utopia negativa

No pensamento de Horkheimer, o pessimismo tem um caráter dialético que pressupõe a superação da dicotomia entre otimismo e pessimismo e, assim, sustenta tanto uma leitura radicalmente sóbria sobre a existência do mal no mundo como preserva a esperança de que ele não prevaleça. Em outras palavras, Horkheimer admite que na história da humanidade o mal está presente de forma radical, e a sua figuração mitológica sob a forma do pecado original diz a verdade quando coloca a vida sob o signo de uma queda no pecado que não foi ainda superada. Entretanto, as ações que correspondem à crítica negativa são aquelas orientadas tanto pela esperança de que o mal não prevaleça como pela prática "otimista" que procura conservar aquilo que na cultura ainda se mostra importante para a resistência ao mal.

A ideia de que o pecado original é um fundamento essencial da vida humana foi retirada do pensamento de Schopenhauer, enquanto a concepção de um "anelo do Inteiramente Outro" é uma forma pela qual se preserva um *telos* utópico em um mundo totalmente desencantado sem figurá-lo positivamente. O pessimismo teórico, portanto, é acompanhado pela esperança não dogmática de que é possível resistir e preservar o que é essencial a uma vida digna. Segundo Horkheimer:

> El que piensa, el no conformista, si puede, en cambio, tratar de conservar no pocos momentos de la cultura, entre otros muchos también las virtudes, para Schopenhauer tan esenciales, de la compasión y de la felicidad compartida, y también ela nada moderno anhelo de um Outro distinto del más aça[71].

Trata-se, portanto, de um pessimismo sem nenhum parentesco com atitudes conformistas, pois combina uma crítica teórica radicalmente sensível aos efeitos da violência e da barbárie com um impulso prático que propõe ações políticas e educativas, fundamentado numa confiança em um "Inteiramente Outro", em uma dimensão transcendente/transcendental negativa, na esperança de que o mal não triunfe eternamente. Assim, se o pessimismo no pensamento de Horkheimer guarda em si um momento "otimista", ele certamente não coincide

---

71. HORKHEIMER, M. Pesimismo hoy. In: *Anhelo de justicia.* Op. cit., p. 128.

com um ideal positivo dogmático ou uma imagem de Deus como consolo ou acolhimento, ou seja, o elemento negativo da utopia em seu pensamento evita que ela se converta em ideologia conciliadora.

Uma das diferenças fundamentais entre o anelo do Inteiramente Outro e as religiões estabelecidas é que a dúvida é um componente essencial do primeiro, enquanto as segundas se apoiam na fé. O desenvolvimento da racionalidade instrumental com base no ceticismo e na ciência positiva tem uma relação ambígua com a dúvida, já que ao mesmo tempo nega as verdades dogmáticas da religião e, ao estabelecer o método como critério absoluto da verdade, torna-se novamente dogmático, enquanto as religiões se apartam cada vez mais do conhecimento razoavelmente seguro que hoje existe sobre o desenvolvimento da história natural e humana. Essa distância torna a adesão aos ideais religiosos mais fortemente dogmática, já que a repressão da dúvida torna a fé irracional. Além disso, a supressão da dúvida tal como do anelo do Inteiramente Outro produz perdas significativas em várias esferas da vida. Segundo Horkheimer:

> El retrocesso de la convicción religiosa constituy una cara de los cambios en la família, en la educación, en los ritmos y la forma de passar de la infancia a juventude y, más tarde, a la denominada madurez. Tanto la forma de tratar con los impulsos

> primitivos, de formarlos, de sublimarlos, como la dirección y los contenidos de los interesses que mueven a los individuos se ven afectados por el processo. Con los motivos religiosos quedan comprometidos los otros motivos culturales en quanto tales como ideológicos y autoritarios; solo son reconocidos los afirmados condicionalmente. Con la religión, con la idea de verdad [...] se apaga el anhelo del Absoluto, de lo Outro, que es idéntico a la duda enfática[72].

A ideia de verdade, portanto, não nega a dúvida, antes a tem como um pressuposto. Ao se perderem, tanto a dúvida como o anelo, são reprimidos impulsos e práticas sociais essenciais à crítica, e o resultado são os fanatismos – em geral identificados a utopias positivas – ou o relativismo raso e não crítico – característico da cultura de massas pós-moderna. A manutenção dos sistemas conceituais religiosos, tal como das utopias positivas, recusam o reconhecimento de que a razão humana é finita e, portanto, não pode conhecer o Absoluto. A saída apresentada por Horkheimer é reconhecer o caráter não dogmático do conhecimento de que somos capazes, mantendo a solidariedade entre os

---

72. HORKHEIMER, M. Sobre la duda. In: *Anhelo de justicia.* Op. cit., p. 115.

homens, baseada no fato de que todos somos sujeitos às experiências da dor, da solidão e da finitude.

Ciência e técnica tendem a suprimir a ideia de felicidade preservada na religião, mas com isso se vê empalidecida a esperança de felicidade terrena, identificada na indústria cultural a práticas e dispositivos sadomasoquistas. Assim, torna-se patente a necessidade de preservar o anelo de felicidade, mas, ao mesmo tempo, preservar a dúvida enfática. O recalque da dúvida coincide com a elaboração de substitutos seculares da religião sob a forma de dispositivos de ajustamento, ou com a adaptação da religião às formas de regressão cultural típicas do capitalismo tardio depois da Segunda Grande Guerra. Nesta já se manifestaram de forma eloquente o fanatismo e a frieza que acompanham a adesão à ideologia fascista e ao apelo ao ódio cego, típicos do nazismo e do comunismo sob Stalin. O problema com as utopias positivas é que elas acabam por afirmar uma identidade entre determinada ideia ou imagem e o bem, de forma que se perde o elemento negativo e crítico. Por isso, a dúvida enfática é um elemento essencial da Teoria Crítica, tal como o anelo do Inteiramente Outro.

Assim a teologia negativa segundo Horkheimer é identificada à Teoria Crítica e ao seu conceito essencial, a Dialética Negativa. De modo algum corresponde aqui a teologia à ciência do divino, e muito menos à ciência de Deus. Teologia significa aqui a consciência de que este mundo é um fenômeno, que não é a verdade absoluta, que não é o último. Teologia é – me expresso conscientemente com grande cautela – a esperança de que a injustiça que atravessa este mundo não seja a última, que não tenha a última palavra[73].

Não se pode esquecer, entretanto, outro elemento fulcral da teologia para Horkheimer: a crítica da esperança de salvação do eu. O sofrimento não pode ser negado ou negociado, e nesse ponto suas proposições se tornam cada vez mais distantes da configuração atual da cultura, que tanto nega o sofrimento pelos mais variados dispositivos como acentua as condições que perpetuam a catástrofe. Daí o acolhimento do elemento negativo presente nos pensadores sombrios da burguesia: Hobbes, Sade, Mandeville e Nietzsche, que apresentaram sem disfarces as consequências da identidade entre razão e dominação. Na medida em que descrevem o homem como um ser fundamentalmente egoísta e propenso aos mais terríveis crimes – mesmo quando sua vida não está em risco, mesmo quando se trata somente de aplacar determinadas paixões – esses pensadores evitaram

---

[73]. HORKHEIMER, M. El Anhelo de lo totalmente Outro. In: *Anhelo de justicia.* Op. cit., p. 169.

a compaixão conservadora dos "lacaios morais da burguesia"[74] e também a idealização conciliadora dos homens sob a imagem e semelhança de Deus.

Claro que a compaixão é um elemento importante para uma postura moralmente aceitável, e a frieza é uma consequência da sociabilidade burguesa sem a qual Auschwitz não seria possível, mas, é importante insistir, a compaixão afirmada positivamente como fundamento da moral resulta em barbárie, enquanto o reconhecimento do caráter inescapável do sofrimento fundamenta uma postura crítica. Não se trata, portanto, de desprezo pela compaixão – o que caracteriza o pensamento dos pensadores sombrios –, mas de compreender radicalmente aquilo que a impossibilita na sociedade burguesa de forma a preservá-la.

A crítica à identidade entre pensamento e dominação na obra de Horkheimer tem sido interpretada predominantemente frisando o seu momento imanente, pautado na avaliação radical das contradições da razão e de sua regressão ao positivismo, mas não é menos importante o momento transcendente e transcendental. Do mesmo modo, tal como é importante transformar a sociedade para que se torne mais próxima de um "reino dos

---

74. HORKHEIMER, M. & ADORNO, T. *Dialética do esclarecimento*. Op. cit., p. 112.

fins", é igualmente importante conservar o que é fundamental para uma vida humana digna, valores e ideias que a humanidade já produziu e atualmente recalca. Assim, a crítica tanto visa à transformação como à conservação, e os ideais críticos querem tanto produzir o novo como preservar o velho.

O pessimismo dialético procura fundamentar uma postura crítica que supera a dicotomia entre imanência e transcendência pela dialética negativa. Constata-se que toda a história da humanidade tem sido pautada pela convergência entre razão e dominação – o "pecado original" –, mas, ao mesmo tempo, se procura conservar a esperança que se localiza tanto no mundo como no "Inteiramente Outro". Em um tempo em que se consideram felizes os que podem pagar uma viagem à Disneyworld ou fazer compras em Nova York, o pessimismo e a utopia negativa de Horkheimer são antídotos indispensáveis ao embrutecimento crescente dos homens.

Décima lição

Filosofia e crítica social e a dissonância entre pensamento e realidade

O papel da filosofia, compreende Horkheimer, será resistir e criticar o espírito das ciências especializadas tão cultuado na atualidade. A relação entre filosofia e ciência se manterá tensa. Além disso, cabe à filosofia manter sua atividade teórica sem se submeter às necessidades e demandas decorrentes do espírito administrativo da cultura contemporânea, próprio da indústria e do mercado que tendem a reduzir a atividade do pensamento à lógica da eficiência, da utilidade e da especialidade profissional. O desafio posto à filosofia é o de transcender essas formas de pensamento sem se submeter, portanto, ao papel de formar os rebanhos econômicos ou de oferecer aos indivíduos a aquisição de matizes da cultura humanística. Reivindica-se da filosofia o papel de voz dissonante que não se rende às demandas políticas do Estado e às exigências técnicas e profissionais do mercado. Diante da força ideológica da ordem existente que coopta os indivíduos, exercendo sobre eles um poder sugestivo sem precedentes, a filosofia se apresenta como pensamento que resiste à sugestão em nome da liberdade. É nesse registro que o pensamento filosófico desmente, a todo momento, o caráter de inevitabilidade da ordem vigente[75].

Nesse exercício de elucidação da realidade, a filosofia deve se atentar para o caráter histórico das definições e os sentidos nelas arraigados, os quais não se deixam penetrar pelos atalhos linguísticos, como quisera o positivismo lógico e o formalismo da filosofia acadêmica. Toda linguagem está envolta num padrão de crenças e formas rígidas de pensamento. Por essa razão, "a filosofia deve se tornar mais sensível aos testemunhos mudos da linguagem e sondar os estratos da experiência que neles se preservam"[76]. Nisso consiste o trabalho conceitual que não se assegura em nenhuma fórmula prévia. Sondar os estratos, descrever os significados dos conceitos e suas interligações com outros conceitos constitui prioridade no trabalho filosófico, condição para se superar o esquematismo da linguagem.

O conceito, entende Horkheimer, constitui um fragmento que só adquire significado se pensado

---

75. HORKHEIMER, M. & ADORNO, T. "Filosofia e divisão do trabalho". In: *Dialética do esclarecimento.* Op. cit., p. 227.

76. Ibid., p. 170.

articulado à totalidade. A construção da verdade resulta desses fragmentos, com os quais deve se ocupar a filosofia. O conceito revela apenas sinais, indícios, que caracterizam a reflexão que é externa ao próprio objeto. A tentativa de fixar no conceito a identidade do objeto decorre da necessidade do sujeito de submetê-lo ao seu domínio. Embora a filosofia se utilize dos princípios da lógica tradicional, o esquematismo que a sustenta pode ser superado por "atos de cognição em que a estrutura lógica coincide com os traços essenciais do objeto. A lógica da filosofia é tanto a lógica do objeto quanto a do sujeito; é uma teoria abrangente das categorias básicas e das relações entre a sociedade, a natureza e a história"[77]. O papel da filosofia consiste na explicitação da relação entre natureza e espírito cuja história oculta a violência e a força bruta da dominação do espírito sobre a natureza. No entanto, nesse exercício de explicitação não existe o caminho mais curto em que as definições emergem sem desfigurar e estigmatizar a natureza. Por outro lado, não se trata, ressalta Horkheimer[78], de reduzir a contradição entre natureza e espírito a um desses polos, dificuldade inerente a todo o pensamento filosófico. Ao tratar a natureza e o espírito

---

77. Ibid., p. 175.

78. Ibid., p. 176.

como entidades abstratas, o próprio conceito filosófico torna-se vazio e alheio aos processos dos quais foram obtidos. O que se tem, nesse caso, é a distorção da própria realidade expressa no monismo conceitual em que o esquecimento do sofrimento e o recalcamento da dominação são transformados em condição transcendental do pensamento.

Cumpre à filosofia trazer à tona os interditos da razão presentes nos impulsos originários do homem em dominar a natureza. Essa tarefa está condicionada à compreensão dos processos inerentes às atividades da razão que encontra suas raízes nos substratos mais profundos do processo civilizador. Dirá Horkheimer que "isso se deve ao próprio fato de que a razão transformou a natureza em um mero objeto, e não pode descobrir sua própria marca em tal objetivação [...]"[79]. Essa característica da razão, que desde sempre não reconhece no objeto as marcas que lhe foram impressas pela própria razão, constitui a sua própria enfermidade. Tornar os homens conscientes dessa contradição constitui uma das funções da filosofia na medida em que confronta a realidade social com as ideias e valores que são reconhecidos como os mais elevados, mas que no fundo refletem as contradições existentes entre o desejo de constituição de uma sociedade justa e o que se efetiva na realidade.

---

[79]. Ibid., p. 181.

Para romper com os interditos da razão a linguagem filosófica deve abrir-se à experiência daquilo que fora esquecido ou relegado ao subterrâneo da história. A crítica recai sobre o caráter repressivo da linguagem em que as tendências miméticas tiveram negadas suas possibilidades de expressão. A tarefa da filosofia é contribuir para que a linguagem preencha a sua função mimética e reflita as tendências da natureza humana, tornando explícitos seus aspectos obscuros e ameaçadores. A filosofia é pensada nesses termos como experiência e rememoração da natureza reprimida em nós. É por essa via que a natureza se faz refletir no espírito que contempla sua própria imagem. É dessa perspectiva que a linguagem antes fechada em si mesma e instrumento de poder aproxima-se da realidade do objeto. A esse respeito afirma Horkheimer:

> A filosofia é o esforço consciente para unir todo o nosso conhecimento e penetrar dentro de uma estrutura linguística em que as coisas são chamadas pelos seus nomes corretos. Contudo não espera encontrar esses nomes em palavras e sentenças isoladas [...] mas no contínuo esforço teórico para desenvolver a verdade filosófica[80].

Esse parece constituir um ponto crucial na filosofia de Max Horkheimer em que se vislumbra

---

80. Ibid., p. 184.

a possibilidade do pensamento escapar à relação identitária entre sujeito e objeto, entre natureza e espírito. Pensar a função mimética da linguagem no âmbito da filosofia significa reivindicar uma nova mímesis, que está distante tanto dos elementos originários presentes no mito quanto afastar-se da mímesis controladora identificada com a racionalidade moderna. Essa nova mímesis privilegia os aspectos da natureza que foram soterrados pela linguagem e pelo conceito, o que permite falar do objeto sem desfigurá-lo, visto que o medo e a angústia seriam atenuados, pois chegariam no domínio do espírito, fazendo-se contemplar como imagem refletida no espelho.

Cabe, então, à filosofia o trabalho de descrever de forma persistente o mundo, mas sem com ele se identificar. Essas descrições podem tornar conscientes os mecanismos que produzem a barbárie e os riscos iminentes de um retorno à prática da crueldade. Significa descrever a realidade social sem os subterfúgios da linguagem dos grandes sistemas filosóficos. Horkheimer e Adorno optam por praticar uma filosofia negativa, entendida enquanto negação socialmente determinada, atentos aos vínculos existentes entre razão e poder. Assim a filosofia nega as pretensões absolutas do pensamento ao confrontá-las com as exigências históricas do tempo presente. Escreve Horkheimer: "A negação exerce um papel crucial na filosofia. A negação tem dois gumes: uma negação das pretensões absolutas da ideologia dominante e das exigências impetuosas da realidade"[81].

A nova mímesis, reivindicada pela prática filosófica que está presente em Horkheimer e Adorno, adquire sua face mais evidente na escrita ensaística assumida, deliberadamente, por esses pensadores como um estilo de filosofar que rompe com o formalismo da filosofia acadêmica. A preocupação está em encontrar na própria linguagem filosófica, no exercício rigoroso do conceito, um modo de o sujeito se aproximar do objeto sem violentá-lo. Conhecer, nesse caso, seria muito mais uma atitude de aproximação do objeto para só depois submetê-lo a análise e a reflexão. O que exige um trabalho paciente de descrição do objeto. É nesse sentido que o ensaio enquanto crítica filosófica constitui um "esforço paciente de fazer falar o reprimido, o recalcado – de dar voz ao sofrimento [...] a autorreflexão da razão torna-se assim uma *anamnese* – uma recordação da natureza no sujeito"[82]. O ensaio caminha na contramão de todo pensamento que, ao

---

81. Ibid., p. 187.

82. BARBOSA, R. O ensaio como forma de uma "filosofia última" – Sobre T.W. Adorno [Disponível em www.artenopensamento.org.brpdf/ – Acesso em 20/03/2015].

longo da tradição ocidental, manifestou horror à mímesis, ao reivindicar a aproximação do que foi recalcado pela cultura. O ensaio, nos termos propostos por Horkheimer e Adorno, revela o caráter de não identidade entre natureza e cultura. É nesse momento que a cultura se vê obrigada a pensar sua inverdade enquanto segunda natureza: "Sob o olhar do ensaio, a segunda natureza toma consciência de si mesma como primeira natureza"[83]. É nesse registro que o ensaio se identifica com a tendência mimética e busca se aproximar do objeto sem violentá-lo. Desse modo, "[...] conhecer não significa mais dominar, mas muito mais atingir, tocar, ser atingido e tocado de volta"[84].

---

[83]. ADORNO, T.W. O ensaio como forma. In: ADORNO T.W. *Notas de literatura I*. São Paulo: Duas Cidades/Ed. 34, 2003 [Trad. de Jorge de Almeida].

[84]. GAGNEBIN, J.M. Do conceito de mímesis no pensamento de Adorno e Benjamin. In: *Sete aulas sobre linguagem, memória e história*. Rio de Janeiro: Imago, 1997.

Considerações finais

Nos escritos mais importantes dos pensadores da Teoria Crítica, notadamente na *Dialética do esclarecimento* e na Dialética Negativa, sobressai a confiança na capacidade da razão para acolher a reflexão sobre seus elementos negativos e superá-los. Como traço comum a diversas obras produzidas sob o selo do Instituto de Pesquisas Sociais durante a época em que Max Horkheimer o dirigiu, destaca-se a referência a uma condição substantiva da razão para pensar suas próprias contradições e realizar processos autorreflexivos de natureza dialética. A importância e a coerência desse empreendimento na história da filosofia podem ser devidamente compreendidas quando comparadas a um outro movimento filosófico contemporâneo – a Teoria Crítica –, e igualmente configurado como reação intelectual ao que poderíamos denominar como "pesadelo kafkiano do século XX". Assim como os teóricos de Frankfurt, os pensadores pós-estruturalistas franceses, de diferentes maneiras, analisaram e apresentaram alternativas teóricas ao estado geral de asfixia do sujeito sob as múltiplas formas de manifestação do poder totalitário, desde as mais explícitas, exercidas por ditaduras políticas de direita ou de esquerda, até as mais refinadas, constituídas e legitimadas pelas técnicas e práticas de normatização biopolítica e disciplinar. Embora sob perspectivas conceituais e metodológicas diversas, em um período de tempo muito próximo, entre as décadas de 1940 e 1960, pensadores alemães e franceses procuraram refletir sobre um problema comum, que pode ser resumido como sendo o fenômeno da progressiva opressão da vida humana exercida de forma planejada, racional e científica. Por outro lado, quando relevamos os aspectos metodológicos de ambas as críticas sobressaem nitidamente as diferenças de enfoque entre as duas escolas de pensamento. Ao passo que os filósofos críticos foram animados por uma crítica interna à razão, apontando suas contradições, sem desistir da confiança na própria razão em superá-las dialeticamente, os pensadores franceses apresentaram como traço comum um estilo antifundacionalista, dedicado a uma crítica radical dos próprios alicerces do esclarecimento, como os conceitos de sujeito, progresso e iluminismo. Segundo um estudioso do Pós-estruturalismo, o trabalho de Michel Foucault pode ser definido como um esforço de "historicização da ontologia", e o trabalho de Gilles Deleuze como uma "ontologia do devir acentuadamente antidialética"[85]. Quando confrontadas as duas perspectivas, da Teoria Crítica e do Pós-estruturalismo, que sem dúvida constituem-se como referência teórica fundamental para pesquisas em ciências humanas nas sociedades contemporâneas, não se pode negligenciar as dificuldades de natureza lógica atinentes a uma análise dedicada à desconstrução dos próprios fundamentos da racionalidade, como se propuseram os franceses. Embora não se tenha dirigido especificamente aos pós-estruturalistas, Theodor Adorno assinalou de maneira lúcida o irracionalismo próprio a esse tipo de crítica cultural, sob palavras que entendemos ser perfeitamente endossáveis por Horkheimer. Para Adorno, a insuficiência do crítico cultural em seu julgamento sobre a violência do existente "torna-se insuportável quando o próprio sujeito é mediado até a sua composição mais íntima pelo conceito ao qual se contrapõe como se fosse independente e soberano"[86]. O apontamento de Adorno esclarece o caráter problemático da crítica antifundacionalista realizada pelo Pós-estruturalismo, notadamente pelo negligenciamento de suas mediações intrín-

---

[85]. PETERS, M. *Pós-estruturalismo e filosofia da diferença*. Belo Horizonte: Autêntica, 2000, p. 45 [Trad. de Tomaz Tadeu da Silva].

[86]. ADORNO, T.W. Crítica cultural e sociedade. In: *Prismas*. São Paulo, Ática, 1998, p. 7 [Trad. de Augustin Wernet e Jorge Mattos Brito de Almeida].

secas. Sob esse aspecto, a análise de Horkheimer sobre a dialética da razão assume desde o princípio o lugar de onde fala, a saber, da perspectiva de uma razão cujos potenciais de esclarecimento e emancipação, embora historicamente anulados pela supremacia de seus aspectos instrumentais, permanece viva e capaz de superar suas contradições internas. Essa breve confrontação entre duas das mais importantes escolas de pensamento do século XX é importante para expor, muito mais do que uma mera rivalidade intelectual no campo filosófico, os problemas implícitos quando o problema da crise da razão é enfrentado por meios escapistas que abdicam de parâmetros racionais para seu enfrentamento. A esse respeito, o título de um dos livros de Horkheimer, ao referir-se ao "eclipse da razão", é suficientemente eloquente para expressar a esperança na capacidade da razão de autorreflexão e superação dialética de suas contradições.

O leitor sagaz que nos acompanhou até este momento de nossas lições sobre o pensamento de Max Horkheimer poderá indagar-se acerca da coerência de um pensador declaradamente materialista que nutriu grande admiração pelo pessimismo trágico de Schopenhauer, ao mesmo tempo em que manifestou esperanças de natureza teológica. Conforme assinalamos, no que se refere a Schopenhauer, o impulso pré-racional compadecido com o sofrimento alheio, longe de ser reduzido a sentimentalidade vazia, desempenha o papel de despertar possibilidades críticas da razão acerca de seus limites, notadamente sobre os elementos de apatia e frieza intrínsecos à razão instrumental. Ao recorrer às leis da vontade schopenhaueriana em sua primazia sobre o intelecto, Horkheimer não está apelando a um critério irracionalista para invalidar o materialismo dialético ou a razão prática kantiana. Pelo contrário, em um mundo no qual a hegemonia da razão subjetiva desbastou a capacidade da própria razão de atuar como agente de compreensão ética e moral, Horkheimer está simplesmente recorrendo ao mais elementar e pré-lógico elemento de solidariedade, a saber, a compaixão pelo homem desamparado e seu sofrimento, para denunciar um mundo no qual tanto as metas e princípios do materialismo dialético bem como os potenciais éticos do imperativo categórico foram convertidos em princípios formais e abstratos, destituídos da substância racional que originalmente os animou.

No que se refere ao impulso em direção ao incondicionado, orientado pelo anelo de justiça, pela teologia negativa, preservadora da esperança de que à injustiça do mundo fenomênico não seja reservada a última palavra, ele é plenamente consistente com pelo menos duas formulações de grande alcance na história da filosofia, a saber: o argumento kantiano sobre a imortalidade da alma e a existência de Deus como postulados da razão prática, e o argumento hegeliano da concepção de Deus pela comunidade humana como autoprojeção do sujeito absoluto que se constitui por meio da própria consciência humana.

Em *Crítica da razão prática*, diante da incongruência existente no mundo empírico entre a prática da virtude e o alcance da felicidade, uma vez que o homem moralmente virtuoso não será recompensado pela felicidade em um mundo regido por leis mecânicas e não por leis morais, Kant propõe como solução para esse caráter absurdo da existência humana o postulado (argumento logicamente necessário, porém empiricamente indemonstrável) da existência de um Deus onisciente e onipotente que proporcione em outro mundo a correspondência entre o mérito moral e a felicidade. De maneira análoga, a imortalidade da alma é postulada em virtude da exigência imposta pelo imperativo categórico da perfeita adequação da vontade à lei moral, em um mundo empírico no qual essa identificação é impossível. Ela somente seria possível como progresso infinito do ser racional, como contínua aproximação do ser moral e racional de um estado de santidade que, embora seja exigência da razão, igualmente não pode ser realizado no mundo fenomênico, motivo pelo qual a própria razão é obrigada a postular a imortalidade da alma. É importante notar que Deus e a imortalidade da alma, que em *Crítica da razão pura* foram remetidos ao âmbito numênico, cujo conhecimento é estruturalmente vedado ao intelecto, em *Crítica da razão prática* são recuperados como objetos cuja existência, embora permaneça empiricamente indemonstrável, constitui-se como exigência lógica da razão, sob pena de que a própria existência humana seja declarada como um gigantesco absurdo logicamente insustentável. Considerando, sobretudo, a necessidade lógica de primazia da razão prática sobre a razão pura na obra de Kant, a formulação de uma teologia negativa por Horkheimer, como portadora do anelo de justiça, constitui-se como elemento consistentemente racional em termos kantianos.

Quando Horkheimer declara a intenção de preservar o sentido crítico e negativo de uma teologia que não identifique positivamente o incondicionado no condicionado, e que não seja apenas impulso para consolação ou salvação pessoal, essa concepção adquire plena consistência e coerência com o impulso igualmente crítico e negativo que animou o materialismo dialético de seus primeiros escritos. A afirmação da teologia como anelo de justiça é claramente desvinculada do dogma da existência de um Deus todo-poderoso e infinitamente bom, e da mesma forma que não se pode deduzir a existência de Deus do sofrimento inerente à condição humana, também é ilícito representá-lo sob qualquer forma. Pensada nesses termos, a esperança formulada por Horkheimer, de que a injustiça não tenha a última palavra, a qual é inseparável da afirmação da solidariedade universal entre os homens, pautada na finitude e no sofrimento que é comum a todos, remete a uma concepção de Deus que é coerente com as premissas hegelianas do progresso do espírito na história. Segundo a concepção de Hegel, sendo a fenomenologia do espírito um processo de elevação da consciência ao saber absoluto, realizada por meio de etapas que se sucedem progressivamente, da mesma forma, a própria concepção de Deus deve deixar de ser entendida como existência passiva e eterna, para ser compreendida em conexão com a história do espírito. Isso requer a compreensão de que as projeções humanas sobre a existência de Deus são inseparáveis das autoprojeções de Deus, que se realizam na história mediante a consciência humana[87]. A integração da consciência humana ao processo pelo qual o espírito realiza sua obra é uma etapa necessária para a superação da teologia entendida em seu sentido tradicional, como oposição mecânica entre um sujeito humano solipsista e uma entidade criadora passiva e dogmaticamente

---

[87]. GABRIEL, M. A ideia de Deus em Hegel. *Revista de Filosofia Aurora*, vol. 23, n. 33, jul.-dez./2011, p. 53. Curitiba.

concebida. O processo de elevação da consciência requerido pela fenomenologia pressupõe, como enfatizou Hegel, que o verdadeiro seja expressado "não como substância, mas também, precisamente, como sujeito"[88]. Hegel é suficientemente específico em deplorar a concepção da vida de Deus "como jogo de amor consigo mesmo", pois isso equivale a uma ideia insípida à qual "falta o sério, a dor, a paciência e o trabalho do negativo"[89]. A vida de Deus como "igualdade e unidade consigo mesma" é "universalidade abstrata" que negligencia uma concepção da divindade que integre forma e essência, ser-em-si e ser-para-si. O progresso da consciência no itinerário da fenomenologia exige, nesse sentido, a superação da concepção passiva de um Deus em estado de repouso e em identidade consigo mesmo: "Justamente por ser a forma tão essencial à essência quanto essa é essencial a si mesma, não se pode apreender e exprimir a essência como essência apenas, isto é, como substância imediata ou pura autointuição do divino. Deve exprimir-se igualmente como forma e em toda a riqueza da forma desenvolvida, pois só assim a essência é captada e expressa como algo efetivo"[90].

---

88. HEGEL, F. *Fenomenologia do espírito*. Op. cit., p. 34.

89. Ibid.

90. Ibid.

A expressão de Deus como algo efetivo, como superação de uma intuição humana solipsista, implicando sua desconexão de concepções meramente consoladoras ou prometedoras de uma vida eterna reservada somente aos crentes piedosos e de bom coração, é plenamente adequada para designar a importância da teologia como anelo de justiça no pensamento de Horkheimer, uma vez que nosso filósofo integra a esperança da reconciliação com a solidariedade schopenhaueriana ao sofrimento humano universal. Sob esse aspecto, seu pensamento antidogmático, favorável a uma teologia negativa, longe de representar apenas uma "contradição performática", como foi equivocadamente sugerido por Habermas, é, na verdade, plenamente coerente com a produção da Escola de Frankfurt, sobretudo por convidar seus leitores ao esforço negativo requerido pela elevação da consciência a uma etapa superior e necessária do progresso do espírito.

Referências

ADORNO, T.W. O ensaio como forma. In: ADORNO, T.W. *Notas de literatura I*. São Paulo: Duas cidades/Ed. 34, 2003 [Trad. de Jorge Mattos Brito de Almeida].

_____. Crítica cultural e sociedade. In: ADORNO, T.W. *Prismas*. São Paulo, Ática, 1998 [Trad. de Augustin Wernet e Jorge Mattos Brito de Almeida].

ADORNO, T.W. & HORKHEIMER, M. *Dialética do esclarecimento* – Fragmentos filosóficos. Rio de Janeiro: Zahar, 1985 [Trad. de Guido Antônio de Almeida].

ANTUNES, D.C. *Por um conhecimento sincero no mundo falso* – Teoria Crítica, pesquisa social empírica e *The Authoritarian Personality*. Jundiaí: Paco, 2014.

BARBOSA, R. *O ensaio como forma de uma "filosofia última"* – Sobre T.W. Adorno [Disponível em www.artenopensamento.org.brpdf/ – Acesso em 20/03/2015].

BENHABIB, S. A crítica da razão instrumental. In: BENHABIB, S. & ZIZEK, S. (orgs.). *Um mapa da ideologia*. Rio de Janeiro: [s.e.], 1996 [Trad. de Vera Ribeiro].

CACCIOLA, M.L.M.O. *Schopenhauer e a questão do dogmatismo*. São Paulo: Edusp/Fapesp, 1994.

CHIARELLO, M.G. *Das lágrimas das coisas –* Estudo sobre o conceito de natureza em Max Horkheimer. Campinas: Unicamp, 2001.

GABRIEL, M. A ideia de Deus em Hegel. *Rev. de Fil. Aurora*, vol. 23. n. 33, jul.-dez./2011. Curitiba.

GAGNEBIN, J.M. "Após Auschwitz". In: GAGNEBIN, J.M. *Lembrar, escrever, esquecer*. São Paulo: Ed. 34, 2006.

_____. Do conceito de mímesis no pensamento de Adorno e Benjamin. In: GAGNEBIN, J.M. *Sete aulas sobre linguagem, memória e história*. Rio de Janeiro: Imago, 1997.

HABERMAS, J. Para uma frase de Horkheimer: Querer salvar um sentido absoluto, sem Deus, é pretensioso. In: HABERMAS, J. *Textos e Contextos*. Lisboa: Instituto Piaget, 2001 [Trad. de Sandra Lippert Vieira].

HEGEL, F. *Fenomenologia do espírito*. Petrópolis/Bragança Paulista: Vozes/USF, 2002.

HORKHEIMER, M. *Eclipse da razão*. São Paulo: Centauro, 2002 [Trad. de Sebastião Uchoa Leite].

_____. *Teoria Crítica*: uma documentação. São Paulo: Perspectiva/Edusp, 1990 [Trad. de Hilde Cohn].

_____. Prologo. In: JAY, M. *La imaginación dialéctica* – Una historia de la Escuela de Frankfurt. Madri: Taurus, 1986, p. 10 [Trad. de Juan Carlos Curutchet].

_____. Teoria Tradicional e Teoria Crítica. In: BENJAMIN, W. et al. *Coleção Os pensadores*. São Paulo: Abril, 1983 [Trad. de Edgardo Afonso Malagodi e Ronaldo Pereira Cunha].

_____. Marx en la actualidad. In: HORKHEIMER, M. *Sociedad en transición* – Estudios de filosofía social. Barcelona: Península, 1976a [Trad. de Joan Godo Costa].

_____. La teoría crítica, ayer y hoy. In: HORKHEIMER, M. *Sociedad en transición* – Estudios de filosofía social. Barcelona: Península, 1976b [Trad. de Joan Godo Costa].

_____. Sobre la Teoría Crítica. In: HORKHEIMER, M. *Apuntes* 1950-1969. Caracas: Monte Avila, 1976 [Trad. de León Mames].

_____. Schopenhauer y la sociedad. In: ADORNO, T. & HORKHEIMER, M. *Sociologica II*. Madri: Taurus, 1971a [Trad. de Victor Sanchez de Zavala].

_____. La actualidad de Schopenhauer. In: ADORNO, T. & HORKHEIMER, M. *Sociologica II*. Madri: Taurus, 1971b [Trad. de Victor Sanchez de Zavala].

_____. *Origens da filosofia burguesa da história*. Lisboa: Presença, 1970 [Trad. de Maria Margarida Morgado].

_____. Observaciones sobre la liberalización de la religión. In: HORKHEIMER, M. *Anhelo de justicia* – Teoría Crítica y religión. Madri: Trotta,1970a/2000 [Trad. de Juan José Sanchez].

_____. El anhelo de lo totalmente Outro. In: HORKHEIMER, M. *Anhelo de justicia* – Teoría Crítica y religión. Madri: Trotta, 1970b/2000 [Trad. de Juan José Sanchez].

_____. Sobre la duda. In: HORKHEIMER, M. *Anhelo de justicia* – Teoría crítica y religión. Madri: Trotta,1969a/2000 [Trad. de Juan José Sanchez].

_____. Salmo 91. In: HORKHEIMER, M. *Anhelo de justicia* – Teoría crítica y religión. Madri: Trotta,1969b/2000 [Trad. de Juan José Sanchez].

_____. Última huella de teologia – En memoria de Paul Tillich. In: HORKHEIMER, M. *Anhelo de justicia* – Teoría crítica y religión. Madri: Trotta,1966/2000 [Trad. de Juan José Sanchez].

_____. Teísmo/Ateísmo. In: HORKHEIMER, M. *Anhelo de justicia* – Teoría crítica y religión. Madri: Trotta,1963/2000 [Trad. de Juan José Sanchez].

HORKHEIMER, M. & ADORNO, T.W. *Dialética do esclarecimento*: fragmentos filosóficos. Rio de Janeiro: Zahar, 1991.

_____. *Temas básicos de sociologia*. São Paulo: Cultrix, 1978 [Trad. de Álvaro Cabral].

JAY, M. *A imaginação dialética* – História da Escola de Frankfurt e do Instituto de Pesquisas Sociais, 1923-1950. Rio de Janeiro: Contraponto, 2008 [Trad. de Vera Ribeiro].

_____. *La imaginación dialéctica* – Una historia de la Escuela de Frankfurt. Madri: Taurus, 1986 [Trad. de Juan Carlos Curutchet].

MATOS, O.F.C. Introdução. In: MATOS, O.F.C. *Teoria Crítica I*. São Paulo: Edusp/Perspectiva, 1990.

NOBRE, M. Apresentação – A luta por reconhecimento: Axel Honneth e a Teoria Crítica. In: HONNETH, A. *Luta por reconhecimento* – A gramática dos conflitos morais. São Paulo: Ed. 34.

PETERS, M. *Pós-estruturalismo e filosofia da diferença*. Belo Horizonte: Autêntica, 2000 [Trad. de Tomaz Tadeu da Silva].

SCHOPENHAUER, A. *Sobre o fundamento da moral*. São Paulo: Martins Fontes, 1995 [Trad. de Maria Lúcia Cacciola].

WIGGERSHAUS, R. *A Escola de Frankfurt* – História, desenvolvimento teórico, significação política. Rio de Janeiro: Difel, 2002 [Trad. de Lilyane Deroche-Gurgel].

OS AUTORES

Ari Fernando Maia é formado em Psicologia pela Unesp-Bauru, fez mestrado em Psicologia Social pela PUC/SP e doutorado em Psicologia pela USP/SP. É professor do Departamento de Psicologia da Unesp-Bauru e do Programa de Pós-Graduação em Educação Escolar da Unesp-Araraquara. Trabalha com os autores e temas relacionados à Teoria Crítica da Sociedade, destacando-se ética e educação moral, educação musical, indústria cultural e aceleração.

Divino José da Silva é graduado em Filosofia pela PUC-Belo Horizonte, mestre em Fundamentos da Educação pela UFSCar e doutor em Filosofia da Educação pela Unesp-Marília. É professor do Departamento de Educação e Programa de Pós-Graduação em Educação da Unesp-Presidente Prudente. Desenvolve pesquisa sobre ética, educação e formas de controle sobre a vida na perspectiva da Teoria Crítica da Sociedade.

Sinésio Ferraz Bueno é doutor em Filosofia da Educação pela USP e professor do Departamento de Filosofia e do Programa de Pós-Graduação em Educação da Unesp-Marília. Atua na pesquisa de temas relacionados à filosofia da educação e Teoria Crítica.

COLEÇÃO 10 LIÇÕES
Coordenador: *Flamarion Tavares Leite*

– *10 lições sobre Kant*
  Flamarion Tavares Leite
– *10 lições sobre Marx*
  Fernando Magalhães
– *10 lições sobre Maquiavel*
  Vinícius Soares de Campos Barros
– *10 lições sobre Bodin*
  Alberto Ribeiro G. de Barros
– *10 lições sobre Hegel*
  Deyve Redyson
– *10 lições sobre Schopenhauer*
  Fernando J.S. Monteiro
– *10 lições sobre Santo Agostinho*
  Marcos Roberto Nunes Costa
– *10 lições sobre Foucault*
  André Constantino Yazbek
– *10 lições sobre Rousseau*
  Rômulo de Araújo Lima
– *10 lições sobre Hannah Arendt*
  Luciano Oliveira
– *10 lições sobre Hume*
  Marconi Pequeno
– *10 lições sobre Carl Schmitt*
  Agassiz Almeida Filho
– *10 lições sobre Hobbes*
  Fernando Magalhães
– *10 lições sobre Heidegger*
  Roberto S. Kahlmeyer-Mertens
– *10 lições sobre Walter Benjamin*
  Renato Franco
– *10 lições sobre Adorno*
  Antonio Zuin, Bruno Pucci e Luiz Nabuco Lastoria
– *10 lições sobre Leibniz*
  André Chagas
– *10 lições sobre Max Weber*
  Luciano Albino
– *10 lições sobre Bobbio*
  Giuseppe Tosi
– *10 lições sobre Luhmann*
  Artur Stamford da Silva
– *10 lições sobre Fichte*
  Danilo Vaz-Curado R.M. Costa
– *10 lições sobre Gadamer*
  Roberto S. Kahlmeyer-Mertens
– *10 lições sobre Horkheimer*
  Ari Fernando Maia, Divino José da Silva e Sinésio Ferraz Bueno